AF157071

Kohlhammer

Der Autor

 Christian Dralle ist ausgebildeter Verwaltungs-
fachwirt und seit 2021 Berater für öffentliche
Verwaltungen. Er hat langjährige Erfahrung in
leitenden Positionen kommunaler Verwaltungen auf Gemeinde- und Stadtebene sowie in
politischen Projekten auf Kreis-, Landes- und
Bundesebene. Sein fundiertes Fachwissen und
seine umfassende Verwaltungspraxis machen
ihn zu einem gefragten Kommunalexperten.
Als Coach unterstützt er bundesweit Bürgermeister und Führungskräfte dabei, Verwaltungen zukunftsfähig auszurichten, Mitarbeitende
mitzunehmen und Führungspotenziale zu entfalten. Mit diesem Buch
bietet Dralle einen theoriegestützten, praxisnahen Leitfaden für einen
souveränen Start ins Bürgermeisteramt.

Christian Dralle

Startschuss Bürgermeisteramt

Praxisleitfaden für die ersten 99 Tage

Verlag W. Kohlhammer

Dieses Werk einschließlich aller seiner Teile ist urheberrechtlich geschützt. Jede Verwendung außerhalb der engen Grenzen des Urheberrechts ist ohne Zustimmung des Verlags unzulässig und strafbar. Das gilt insbesondere für Vervielfältigungen, Übersetzungen, Mikroverfilmungen und für die Einspeicherung und Verarbeitung in elektronischen Systemen.

Dieses Werk enthält Hinweise/Links zu externen Websites Dritter, auf deren Inhalt der Verlag keinen Einfluss hat und die der Haftung der jeweiligen Seitenanbieter oder -betreiber unterliegen. Zum Zeitpunkt der Verlinkung wurden die externen Websites auf mögliche Rechtsverstöße überprüft und dabei keine Rechtsverletzung festgestellt. Ohne konkrete Hinweise auf eine solche Rechtsverletzung ist eine permanente inhaltliche Kontrolle der verlinkten Seiten nicht zumutbar. Sollten jedoch Rechtsverletzungen bekannt werden, werden die betroffenen externen Links soweit möglich unverzüglich entfernt.

Umschlagabbildung: Сергей Косилко – stock.adobe.com

1. Auflage 2025

Alle Rechte vorbehalten
© W. Kohlhammer GmbH, Stuttgart
Gesamtherstellung: W. Kohlhammer GmbH, Heßbrühlstraße 69, 70565 Stuttgart
produktsicherheit@kohlhammer.de

Print:
ISBN 978-3-17-045981-6

E-Book-Formate:
pdf: ISBN 978-3-17-045982-3
epub: ISBN 978-3-17-045983-0

Inhalt

Hinweis zur Anrede

In diesem Buch verwende ich überwiegend die männliche Form, wie beispielsweise »Bürgermeister«. Diese Entscheidung ist mir nicht leichtgefallen, denn die Gleichberechtigung aller Geschlechter ist mir ein persönliches Anliegen. Ich möchte ausdrücklich betonen, dass mit der Verwendung der männlichen Form stets alle Geschlechtsidentitäten gemeint sind.

Die Arbeit im Bürgermeisteramt wird von Menschen jeden Geschlechts mit Engagement und Kompetenz ausgeführt. Die Vielfalt der Perspektiven und Erfahrungen bereichert unsere Kommunen und trägt maßgeblich zu ihrer Entwicklung bei. Es ist mir wichtig, diese Vielfalt anzuerkennen und wertzuschätzen.

Die überwiegende Nutzung der männlichen Form erfolgt aus Gründen der Lesbarkeit und Übersichtlichkeit. Alternative sprachliche Formen können den Textfluss stören und die Verständlichkeit beeinträchtigen, insbesondere in einem praxisorientierten Leitfaden. Mein Hauptanliegen ist es, Ihnen klare und präzise Informationen zu vermitteln, die Sie in Ihrer neuen Rolle als Bürgermeister unterstützen. Ich bitte Sie daher um Ihr Verständnis und versichere Ihnen, dass sich alle Leserinnen und Leser, unabhängig von ihrem Geschlecht, von den Inhalten dieses Buches angesprochen fühlen dürfen.

Danksagung

Mit fast zwei Jahrzehnten Erfahrung in der Kommunalverwaltung war es für mich ein logischer Schritt, mein Wissen und meine Erkenntnisse in einem Buch zu bündeln und weiterzugeben. Dieses Projekt ist nicht nur das Ergebnis intensiver Reflexion und Praxiserfahrung, sondern auch eine Herzensangelegenheit. Schon lange hatte ich den Wunsch, meine Erfahrungen in dieser Form zu teilen. Umso mehr freue ich mich, dass ich diesen Wunsch mit einem so renommierten Verlag wie Kohlhammer realisieren konnte.

Ein großer Dank gilt meiner Familie, die mich stets ermutigt und an mich geglaubt hat. Ihre Unterstützung und ihr Vertrauen haben mir von Anfang an den Ansporn gegeben, meine Ziele konsequent zu verfolgen.

Meiner Partnerin möchte ich besonders danken. Sie hat mir während der Schreibphase den nötigen Freiraum eingeräumt und mich dabei in jeder Hinsicht unterstützt. Mit ihrer Geduld und ihrer Stärke hat sie maßgeblich dazu beigetragen, dass ich dieses Buch so verwirklichen konnte, wie ich es mir vorgestellt habe.

Auch meinen Freunden und Kollegen danke ich von Herzen. Einige von ihnen haben mir als Erstleser meines Manuskriptes wertvolles Feedback gegeben. Ihre Zeit und ihre konstruktiven Anregungen haben mir dabei geholfen, das Beste aus diesem Buch herauszuholen. Ich bin dankbar für ihre ehrliche und engagierte Unterstützung, die für mich nie eine Selbstverständlichkeit war.

Mein beruflicher Weg wurde maßgeblich geprägt durch die vielen Erfahrungen, die ich in der Kommunalverwaltung sammeln durfte. Dafür danke ich auch meinen ehemaligen Arbeitskollegen, Vorgesetzten und Bürgermeistern, mit denen ich zusammenarbeiten durfte. Diese langjährige Praxis hat mir entscheidende Einblicke verschafft, sowohl durch inspirierende Momente als auch durch Herausforderungen, die mich gelehrt haben, was gute Führung ausmacht – und was besser vermieden werden sollte. Ohne diese Erfahrungen wäre dieses Buch nicht möglich gewesen.

Nicht zuletzt danke ich Ihnen, liebe Leserinnen und Leser. Es ist mein Wunsch, dass Sie in diesem Buch wertvolle Ansätze, Hilfestellungen und Inspiration für Ihren eigenen beruflichen Alltag finden. Als Bürgermeister oder Führungskraft in der Kommunalverwaltung tragen Sie eine enorme Verantwortung, aber Sie haben auch die Möglichkeit, nachhaltig positive Veränderungen zu bewirken. Nutzen Sie diese Chance, und machen Sie das Beste aus Ihrer Position! Ich hoffe, dieses Buch unterstützt Sie dabei, und wünsche Ihnen viel Spaß beim Lesen.

Ihr
Christian Dralle

1
Einleitung

Die Entscheidung, das Amt des Bürgermeisters anzustreben oder zu übernehmen, markiert einen bedeutenden Meilenstein in Ihrem beruflichen und persönlichen Leben. Sie stehen nun vor der spannenden Aufgabe, die Geschicke Ihrer Kommune aktiv zu gestalten und einen positiven Einfluss auf das Leben der Bürger zu nehmen.

Die Anfangszeit in diesem verantwortungsvollen Amt ist geprägt von neuen Eindrücken, hohen Erwartungen und vielfältigen Herausforderungen. Sie müssen sich in komplexe Verwaltungsstrukturen einarbeiten, effektive Führungsstrategien entwickeln und gleichzeitig das Vertrauen von Mitarbeitern, politischen Gremien und der Bevölkerung gewinnen. Die ersten 99 Tage mögen vor allem einen symbolischen Zeitraum markieren. Dennoch sind die ersten Tage, Wochen und Monate von entscheidender Bedeutung: Sie geben die Richtung vor, prägen Ihre Zusammenarbeit zwischen Verwaltung und Politik und ermöglichen es Ihnen, erste Themen zu priorisieren und Führungsstrukturen zu etablieren.

Dieser Leitfaden richtet sich an:

- angehende Bürgermeister, die sich im Wahlkampf befinden oder die Übernahme des Amtes vorbereiten und einen optimalen Start hinlegen möchten.
- neugewählte Bürgermeister, die sich in ihren ersten 99 Tagen orientieren und die Weichen für eine erfolgreiche Amtszeit stellen wollen.
- bereits amtierende Bürgermeister, die ihre Anfangszeit reflektieren möchten und neue Impulse für ihre weitere Amtsführung suchen.

- Personen, die sich generell für die Aufgaben und Herausforderungen im Bürgermeisteramt interessieren – wie Verwaltungsmitarbeiter, politische Akteure oder Studierende im Bereich Public Management.

Dieses Buch ist entstanden, um Sie auf Ihrem Weg als Bürgermeister zu unterstützen. Es bietet Ihnen nicht nur einen verlässlichen Leitfaden, um souverän in Ihre neue Rolle hineinzuwachsen, sondern auch einen praktischen Werkzeugkasten, der auf langjähriger Erfahrung in der Kommunalverwaltung basiert. Indem Sie bereits vom ersten Tag an fundierte Entscheidungen treffen, sparen Sie wertvolle Zeit und vermeiden typische Stolpersteine, die gerade für neugewählte Bürgermeister eine Herausforderung darstellen können.

Bereits in den ersten Kapiteln erfahren Sie, wie Sie sich mental und fachlich optimal auf den Amtsantritt vorbereiten: von der gezielten Visualisierung Ihres ersten Arbeitstages über das strukturierte Einarbeiten in aktuelle Themen bis hin zur richtigen Priorisierung dringlicher Aufgaben. Dieses Buch zeigt Ihnen konkrete Handlungsanleitungen, um frühzeitig vertrauensvolle Beziehungen zu Ihren Führungskräften, Mitarbeitern und wichtigen Gremien aufzubauen. Sie lernen, die Verwaltungsstrukturen zu durchdringen, die Ausschussarbeit souverän zu meistern und zentrale Akteure im kommunalen Netzwerk – von Landräten über Vereine bis hin zu benachbarten Bürgermeistern – proaktiv einzubinden.

Anhand praxisnaher Beispiele erfahren Sie, wie Sie eine klare Vision und Strategie für Ihre Kommune entwickeln, erste Projekte gezielt in Angriff nehmen und eine effektive Führungskultur etablieren. Dazu gehört etwa sinnvolles Delegieren, die Förderung einer konstruktiven Feedbackkultur und das Schaffen einer motivierenden Arbeitsatmosphäre. Auch Ihre persönliche Entwicklung kommt nicht zu kurz: Dieses Buch begleitet Sie dabei, Ihre Stärken zu erkennen, Ihre Selbst- und Fremdwahrnehmung zu schärfen sowie souverän mit Stresssituationen umzugehen. Kurz: Sie erhalten ein ganzheitliches Konzept, mit dem Sie sich sowohl in fachlicher als auch in persönlicher Hinsicht gezielt weiterentwickeln.

Die vor Ihnen liegende Reise ist herausfordernd, aber auch unglaublich bereichernd. Sie haben die Chance, bleibende Spuren zu hinterlassen und das Leben der Menschen in Ihrer Kommune positiv zu beeinflussen. Mit diesem Buch an Ihrer Seite sind Sie bestens gerüstet, um von Anfang an souverän, zielgerichtet und mit einem klaren Plan vorzugehen. Lassen Sie sich inspirieren, ermutigen und fachlich stärken, um gemeinsam mit Ihrem Team und den Menschen vor Ort eine erfolgreiche Zukunft zu gestalten.

Damit Sie die Empfehlungen dieses Buches besser einordnen können, möchte ich Ihnen meinen beruflichen Hintergrund kurz vorstellen: Meine berufliche Reise begann mit einer Ausbildung zum Verwaltungsfachangestellten in einer Stadtverwaltung im Hamburger Umland. Bereits zu diesem Zeitpunkt wurde mir bewusst, wie stark funktionierende Verwaltungsstrukturen den Alltag der Menschen prägen. Im Verlauf der folgenden Jahre übernahm ich zunehmend verantwortungsvollere Aufgaben – von direktem Bürgerkontakt über die Steuerung komplexer Projekte bis hin zur Leitung verschiedener Verwaltungsbereiche. Parallel dazu bildete ich mich stetig weiter und vermittelte mein Wissen als Dozent an angehende Verwaltungsfachwirte. So entstand nach und nach ein umfassender Erfahrungsschatz, der mich zu einem Experten für Kommunalverwaltungen gemacht hat.

Während meiner Zeit in unterschiedlichen Positionen – von der Gemeinde bis zur Stadtverwaltung – begegnete mir immer wieder dasselbe Phänomen: In der öffentlichen Wahrnehmung wird das Bürgermeisteramt häufig mit politischen Entscheidungen gleichgesetzt. Dabei unterschätzen viele, wie bedeutsam gerade die Führungs- und Organisationsaufgaben innerhalb der Verwaltung sind. Der Bürgermeister ist nicht nur Repräsentant nach außen, sondern trägt auch die Verantwortung für etliche Mitarbeitende und koordiniert die Zusammenarbeit mit den politischen Gremien.

In diesem Zusammenhang habe ich erkannt, wie wichtig es ist, frisch gewählten Bürgermeistern eine fundierte und praktische Orientierung zu bieten. Aus dieser Erkenntnis entstand die Motivation für dieses Buch.

In den ersten 99 Tagen im Amt wird die Basis für eine erfolgreiche Amtszeit geschaffen. Wer in dieser Phase gezielt Führungsstrukturen aufbaut, klare Kommunikationswege etabliert und die Zusammenarbeit zwischen Verwaltung und Politik sorgfältig organisiert, schafft die Basis für nachhaltige Erfolge in den kommenden Jahren. Mit diesem Leitfaden möchte ich Ihnen das Rüstzeug an die Hand geben, damit Sie von Anfang an souverän agieren können und das volle Potenzial Ihrer Kommune ausschöpfen – sei es in politischen Entscheidungsprozessen oder in der ebenso entscheidenden Führungsarbeit innerhalb des Rathauses.

2
Die kommunale Landschaft in Deutschland

Die kommunale Ebene bildet das Fundament unseres politischen Systems in Deutschland. An der Basis der Demokratie treffen Verwaltung und Bürger direkt aufeinander, um gemeinsam Lösungen für lokale Anliegen zu finden. Die Vielfalt der Kommunen reicht von idyllischen kleinen Dörfern in ländlichen Regionen bis hin zu pulsierenden Großstädten mit Hunderttausenden Einwohnern. Jede Kommune weist eine einzigartige Mischung aus historischen, kulturellen, wirtschaftlichen und sozialen Faktoren auf, die die Lebensqualität und die lokalen Herausforderungen beeinflussen.

Für Sie als Bürgermeister ist es von wichtig, die Hintergründe und Zusammenhänge der kommunalen Strukturen zu verstehen, um Ihre Amtsführung effektiv und erfolgreich zu gestalten. In diesem Kapitel möchte ich Ihnen einen ersten Überblick über die unterschiedlichen Größen und Strukturen der Kommunen in Deutschland geben – und darüber, welche Unterschiede kommunalpolitisch damit einhergehen. Dabei verwende ich Beispiele aus Schleswig-Holstein, da ich mit diesem Bundesland besonders vertraut bin. Die Gemeindeordnung Schleswig-Holstein (GO SH) nutze ich deshalb als maßgebliches Regelwerk für meine Ausführungen. Viele der beschriebenen Strukturen und Prinzipien gelten jedoch auch in anderen Bundesländern, wobei es vereinzelt regionale Unterschiede geben kann. Es empfiehlt sich daher, die genauen Regelungen bei Ihnen vor Ort zu recherchieren.

Der Überblick über die kommunale Landschaft soll Ihnen nicht nur als Orientierungshilfe dienen, sondern auch Ihr Bewusstsein für die

Vielschichtigkeit und die spezifischen Herausforderungen der verschiedenen Kommunaltypen schärfen. Sie werden feststellen, dass die Größe einer Kommune einen wesentlichen Einfluss auf die Organisation und Arbeitsweise der Verwaltung, die politischen Schwerpunkte und die Interaktion mit den Bürgerinnen und Bürgern hat.

In der facettenreichen kommunalen Landschaft Deutschlands spiegeln sich die Unterschiede zwischen den Verwaltungen nicht nur in ihrer Größe, sondern auch in ihrer Struktur und Funktionsweise wider. Diese Unterschiede werden insbesondere durch die Anzahl der Mitarbeiter in den Verwaltungen der verschiedenen Gemeinde- und Stadtkategorien sichtbar.

2.1   Verwaltungskategorien und -größen

Im Folgenden möchte ich vier typische Größenkategorien von Kommunen in Deutschland vorstellen, jeweils mit einem Beispiel sowie der Mitarbeiteranzahl. Bitte beachten Sie, dass diese Zahlen als Richtwerte dienen und von aktuellen Entwicklungen und spezifischen Gegebenheiten und Aufgabenverteilungen abhängen können. Da es in Deutschland grundsätzlich keine rechtlich verbindlichen, offiziellen Kategorien für Stadt- und Gemeindetypen gibt, dienen die dargestellten Kategorien nur zu Ihrer Orientierung.

Ein besondere kommunalrechtliche Ausprägung findet sich in einigen Bundesländern in Form der Kategorie der Großen Kreisstadt, die ich an dieser Stelle zumindest erwähnen möchte. Der Begriff ist insbesondere aus Baden-Württemberg bekannt, wo Städte ab 20.000 Einwohnern auf Antrag erweiterte Selbstverwaltungsrechte innerhalb ihres Landkreises erhalten können. Vergleichbare Regelungen bestehen auch in Bayern, Sachsen und Thüringen. Die Verleihung erfolgt durch die Landesregierung und ist an die Erfüllung bestimmter Voraussetzungen gebunden.

Als Bürgermeister sollten Ihnen entsprechende Informationen zu Ihrer Kommune vorliegen, sodass Sie »Ihre Kommune« entsprechend der nachfolgenden Klassifizierung einschätzen können.

1. **Kleine Gemeinden** (bis ca. 5.000 Einwohner)
   - *Beispiele:* Klein Nordende (Schleswig-Holstein), Sankt Peter-Ording (Schleswig-Holstein), Oberammergau (Bayern)
   - *Mitarbeiteranzahl:* 10–50
   - *Charakteristika:* Diese Gemeinden zeichnen sich durch enge persönliche Kontakte zwischen Verwaltung und Bürgern aus. Sie haben begrenzte personelle und finanzielle Ressourcen, häufig ehrenamtliche oder nebenamtliche Bürgermeister und keine eigene Verwaltung bzw. eine, die auf das Notwendigste beschränkt ist. Eine starke Gemeinschaft und hohe Bürgerbeteiligung sind typisch.

2. **Kleinstädte** (ca. 5.000 bis 20.000 Einwohner)
   - *Beispiele:* Halstenbek (Schleswig-Holstein), Monschau (Nordrhein-Westfalen), Bad Dürkheim (Rheinland-Pfalz)
   - *Mitarbeiteranzahl:* 50–150
   - *Charakteristika:* Größere Verwaltungsstrukturen als in kleinen Gemeinden mit einem hauptamtlichen Bürgermeister, eigene Fachabteilungen, teilweise Abhängigkeit von übergeordneten Behörden, beginnende Spezialisierung innerhalb der Verwaltung, eigenes Rathaus mit regelmäßigen Öffnungszeiten, erste Anzeichen städtischer Infrastruktur wie Schulen und öffentliche Einrichtungen, lokale Wirtschaft und Tourismus gewinnen an Bedeutung.

3. **Mittelstädte** (ca. 20.000 bis 100.000 Einwohner)
   - *Beispiele:* Elmshorn (Schleswig-Holstein), Goslar (Niedersachsen), Weimar (Thüringen)
   - *Mitarbeiteranzahl:* 150–1.000

- *Charakteristika:* Umfangreichere Verwaltungsstrukturen mit klaren Hierarchien, eigene Rechnungsprüfungsämter und spezialisierte Fachämter, vielfältige öffentliche Dienstleistungen wie kulturelle Angebote und Sportstätten, wachsende Bedeutung von Stadtplanung, Wirtschaftsförderung und Umweltschutz, ausgeprägte Infrastruktur und Verkehrsnetze, höheres Steueraufkommen durch ansässige Unternehmen.

4. **Großstädte** (über 100.000 Einwohner)
   - *Beispiele:* Kiel (Schleswig-Holstein), Heidelberg (Baden-Württemberg), Potsdam (Brandenburg)
   - *Mitarbeiteranzahl:* über 1.000
   - *Charakteristika:* Sehr umfangreiche und differenzierte Verwaltungsstrukturen, vollständig ausgebaute Fachabteilungen und spezialisierte Ämter, Sitz von Hochschulen, Universitäten und kulturellen Einrichtungen, komplexe Herausforderungen in Bereichen wie Verkehr, Wohnraum und Sozialpolitik, internationale Ausrichtung durch Messen, Kongresse und Tourismus, hoher Verwaltungsaufwand durch vielfältige Aufgabenbereiche.

2.2   Struktur der kommunalen Verwaltung

Die Struktur einer kommunalen Verwaltung variiert je nach Größe und spezifischen Bedürfnissen der jeweiligen Kommune. Typischerweise lassen sich jedoch gewisse Gemeinsamkeiten in der Organisationsstruktur sowie der Personalkategorie erkennen. Als Bürgermeister ist es wichtig, diese Strukturen zu verstehen, da sie eine wesentliche Rahmenbedingung für Sie darstellen.

Organisationsstruktur

Als Bürgermeister stehen Sie in der Regel an der Spitze der Verwaltung und repräsentieren die Kommune nach außen. Dem Bürgermeister sind oft das Vorzimmer bzw. das Büro des Bürgermeisters sowie, insbesondere in größeren Städten, verschiedene Stabsstellen zugeordnet. Zu diesem direkten Umfeld des Bürgermeisters zählen die engsten Mitarbeitenden wie die Büroleitung, persönliche Referentinnen und Referenten sowie das Vorzimmer, also die Assistenzkraft. Die Stabsstellen unterstützen den Bürgermeister bei speziellen Aufgaben und bringen Expertise in bestimmten Fachbereichen ein, etwa in der Presse- und Öffentlichkeitsarbeit, in der Rechtsberatung oder im Controlling.

In der Hierarchie unterhalb des Bürgermeisters sind meist Fachbereiche oder Ämter angesiedelt, die die inhaltlich zusammengehörige Aufgaben zusammenfassen und von Fachbereichs- oder Amtsleitungen geführt werden. Diese gliedern sich in darunterliegende Fachdienste oder Abteilungen. Fachbereiche haben in der Regel eine gewisse Eigenständigkeit in der Aufgabenerfüllung und verfügen über eigene Ressourcen. Obwohl die genaue Struktur je nach Kommune variieren kann, sind häufig mindestens drei verschiedene Fachbereiche vorhanden, die die vielfältigen Aufgaben der Verwaltung abdecken: »Innerer Service«, »Bürgerservice« und »Bauen und Umwelt« (s. u.).

Fachdienste sind die unterste Organisationseinheit innerhalb eines Fachbereichs. Sie sind für spezifische Aufgaben zuständig und setzen die operativen Tätigkeiten der Verwaltung um. Fachdienste werden von Fachdienstleitungen geführt und arbeiten oft direkt mit den Bürgerinnen und Bürgern zusammen.

In größeren Verwaltungen ist oberhalb der Fachbereiche in der Regel noch die Ebene der Dezernate vorzufinden. Dezernate sind größere Organisationseinheiten, die mehrere thematisch verwandte Fachbereiche umfassen. Sie werden von Dezernenten oder Stadträten geleitet, die oft als politische Beamte fungieren. Dezernate bündeln die Verantwortung für bestimmte Aufgabenbereiche und erleichtern die Koordination zwischen verschiedenen Fachbereichen.

Personalkategorien

In der kommunalen Verwaltung gibt es verschiedene Personalkategorien, die sich nach Ausbildung, Qualifikation und Aufgabenbereich unterscheiden. Diese Kategorien spiegeln die vielfältigen Anforderungen und Verantwortlichkeiten innerhalb der Verwaltungsstruktur wider:

- *Einfacher Dienst:* Mitarbeitende im einfachen Dienst führen in der Regel einfache, oft manuelle Tätigkeiten aus. Typische Aufgaben umfassen Botendienste, Reinigungsarbeiten oder einfache Bürotätigkeiten. Für diese Positionen ist meist keine spezielle Berufsausbildung erforderlich.
- *Mittlerer Dienst:* Beschäftigte im mittleren Dienst haben in der Regel eine abgeschlossene Berufsausbildung, oft als Verwaltungsfachangestellte. Sie sind in verschiedenen Bereichen der Verwaltung tätig und übernehmen beispielsweise Sachbearbeitungsaufgaben oder arbeiten im Bürgerservice.
- *Gehobener Dienst:* Mitarbeitende im gehobenen Dienst verfügen typischerweise über einen Bachelorabschluss oder einen vergleichbaren Abschluss, oft von einer Fachhochschule für öffentliche Verwaltung. Sie nehmen anspruchsvollere Aufgaben wahr, etwa als Sachgebietsleitung oder in der Projektsteuerung.
- *Höherer Dienst:* Der höhere Dienst umfasst Positionen mit den höchsten Qualifikationsanforderungen. Beschäftigte in dieser Kategorie haben in der Regel einen Masterabschluss oder ein vergleichbares Universitätsstudium absolviert. Sie sind oft in Führungspositionen tätig, etwa als Dezernenten, oder bearbeiten besonders komplexe Fachaufgaben.

In der Praxis ist die Zuordnung zu diesen Kategorien nicht immer starr. Viele Kommunen setzen zunehmend auf durchlässige Strukturen, die Entwicklungsmöglichkeiten zwischen den Laufbahngruppen bieten. So können beispielsweise Beschäftigte des mittleren Dienstes durch Weiterbildungen und entsprechende Leistungen in den gehobenen Dienst aufsteigen.

Die Personalkategorien sind eng mit der Besoldungs- und Entgeltstruktur verknüpft. Beamte werden nach Besoldungsgruppen bezahlt, während Tarifbeschäftigte nach Entgeltgruppen vergütet werden. Beide Systeme orientieren sich an den oben genannten Laufbahngruppen und berücksichtigen zusätzlich Faktoren wie Berufserfahrung und Verantwortungsbereich.

Für Sie als Bürgermeister ist es wichtig, diese Strukturen zu kennen, um die Kompetenzen und Entwicklungsmöglichkeiten Ihrer Mitarbeitenden optimal einschätzen und fördern zu können. Gleichzeitig bilden diese Kategorien den Rahmen für Personalentscheidungen und die Personalentwicklung in Ihrer Verwaltung.

Beim Blick in das Organigramm Ihrer künftigen Verwaltung werden Sie möglicherweise Unterschiede in der Gliederung sowie in der Bezeichnung der Dezernate, Fachbereiche, Fachdienste oder Abteilungen feststellen. Die grundlegenden Aufgaben und Zuständigkeiten bleiben jedoch im Wesentlichen ähnlich. Sie können sich daher gut an dieser exemplarischen Gliederung orientieren, um ein Verständnis für den Aufbau und die Funktionsweise Ihrer Verwaltung zu entwickeln (▶ Abb. 1).

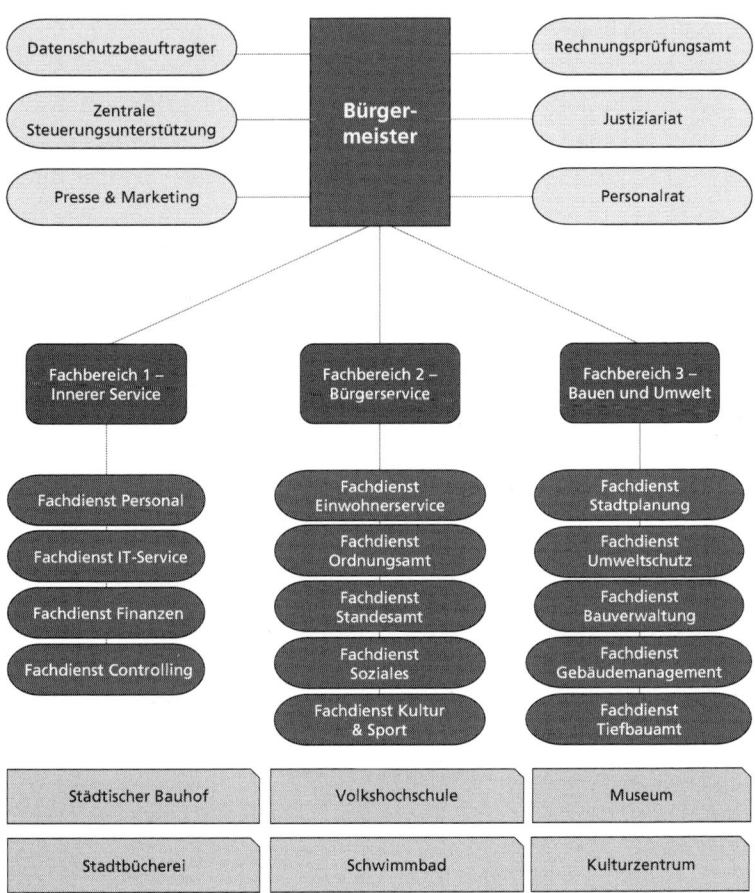

Abb. 1: Exemplarisches Organigramm der Gliederung einer Gemeindeverwaltung.

Fachbereich I – Innerer Service

In diesem Fachbereich sind die internen Abteilungen angesiedelt, die den Dienstbetrieb innerhalb der Verwaltung sicherstellen. Die in diesem Fachbereich angesiedelten Fachdienste fungieren als Servicedienstleister für andere Organisationseinheiten und sorgen für einen reibungslosen Ablauf der internen Prozesse. Typische Fachdienste sind:

- *Personal:* Zuständig für Personalplanung, -beschaffung, -entwicklung und arbeitsrechtliche Fragestellungen.
- *IT-Service:* Verantwortlich für die Bereitstellung und Wartung der technischen Infrastruktur, Software und IT-Sicherheit.
- *Finanzen (Kämmerei):* Überwacht die Haushaltsführung, erstellt den Haushaltsplan und ist für das Finanzcontrolling zuständig.
- *Controlling:* Unterstützt bei der Steuerung der Verwaltung durch Planung, Kontrolle und Informationsversorgung.

Fachbereich 2 – Bürgerservice
Dieser Fachbereich erbringt die Servicedienstleistungen für die Bürgerinnen und Bürger. Der Fokus der zugeordneten Fachdienste ist nach außen gerichtet, um den Bedürfnissen der Bevölkerung gerecht zu werden. Typische Fachdienste sind:

- *Einwohnerservice:* Zuständig für Melderegister, Ausweis- und Passangelegenheiten sowie Bürgersprechstunden.
- *Ordnungsamt:* Verantwortlich für die öffentliche Sicherheit und Ordnung, einschließlich Verkehrsüberwachung und Gewerbeangelegenheiten.
- *Standesamt:* Bearbeitet Personenstandsfälle wie Geburten, Eheschließungen und Sterbefälle.
- *Soziales:* Bietet Unterstützung in sozialen Belangen, etwa Sozialhilfe, Jugendhilfe oder Seniorenarbeit.
- *Kultur und Sport:* Organisiert kulturelle Veranstaltungen, fördert das lokale Vereinsleben und betreibt öffentliche Einrichtungen wie Bibliotheken oder Sportstätten.

Fachbereich 3 – Bauen und Umwelt
In diesem Fachbereich sind häufig Fachdienste angesiedelt, die im technischen oder baulichen Bereich tätig sind. Im Mittelpunkt stehen die

Gestaltung und Entwicklung des kommunalen Raums sowie der Schutz der Umwelt. Typische Fachdienste sind:

- *Stadtplanung:* Entwickelt Konzepte für die städtebauliche Entwicklung und gestaltet Bebauungspläne.
- *Umweltschutz:* Setzt Maßnahmen zum Schutz von Natur und Umwelt um, überwacht Umweltauflagen und fördert Nachhaltigkeit.
- *Bauverwaltung und -aufsicht:* Genehmigt Bauvorhaben, überwacht Bauausführungen und sorgt für die Einhaltung von Bauvorschriften.
- *Gebäudemanagement:* Verantwortet die Bewirtschaftung und Instandhaltung kommunaler Liegenschaften wie Rathäuser, Schulen oder Sporthallen.
- *Tiefbauamt:* Zuständig für die Planung, den Bau und die Unterhaltung von Straßen, Wegen und öffentlichen Plätzen.

Stabsstellen

In vielen Kommunalverwaltungen gibt es Stabsstellen, die besondere Querschnittsaufgaben erfüllen oder bestimmte Verwaltungsbereiche direkt unterstützen. Sie sind oft direkt dem Bürgermeister zugeordnet, um kurzfristige Abstimmungen und eine effektive Steuerung zu ermöglichen. Typische Stabsstellen sind:

- *Rechnungsprüfungsamt:* Als unabhängige Stelle überwacht es die Haushalts- und Wirtschaftsführung der Kommune, prüft Jahresabschlüsse und kontrolliert die Verwendung öffentlicher Mittel. Es ist häufig direkt dem Hauptausschuss des Gemeinderats oder einem vergleichbaren Gremium unterstellt.
- *Personalrat:* Vertritt die Interessen der Mitarbeitenden und sorgt für die Einhaltung von Arbeitnehmerrechten innerhalb der Verwaltung.
- *Presse und Marketing:* Kümmert sich um die Öffentlichkeitsarbeit, Kommunikation mit Medien und die Außendarstellung der Kommune.

- *Zentrale Steuerungsunterstützung:* Unterstützt die Verwaltungsleitung bei strategischen Planungen, Qualitätsmanagement und Organisationsentwicklung.
- *Datenschutzbeauftragter:* Überwacht die Einhaltung datenschutzrechtlicher Bestimmungen und berät die Verwaltung in Datenschutzfragen.

Außenstellen

In der Verwaltungsorganisation sind oft Außenstellen erfasst, die sich örtlich außerhalb der zentralen Verwaltungseinheit befinden, jedoch integraler Bestandteil der städtischen Verwaltung sind. Beispiele für solche Außenstellen sind:

- *Städtischer Bauhof:* Pflegt und unterhält öffentliche Flächen, sorgt für die Straßenreinigung und übernimmt den Winterdienst.
- *Stadtbücherei:* Bietet den Bürgern Zugang zu Medien, fördert die Lesekultur und unterstützt die Bildungslandschaft der Kommune.
- *Volkshochschule:* Organisiert ein breit gefächertes Weiterbildungsangebot und trägt zur Förderung des lebenslangen Lernens bei.
- *Schwimmbäder und Sportanlagen:* Werden durch die Kommune betrieben und verwaltet, um den Bürgern Freizeit- und Sportmöglichkeiten zu bieten.
- *Kulturzentren und Museen:* Planen und organisieren Veranstaltungen und Ausstellungen, um das kulturelle Leben der Kommune aktiv zu gestalten.

Je nach Aufgabenbereich werden diese Außenstellen den entsprechenden Fachbereichen zugeordnet. So ist der städtische Bauhof häufig im Fachbereich »Bauen und Umwelt« angesiedelt, während Stadtbüchereien oder Kulturzentren eher dem Fachbereich »Bürgerservice« zugeordnet sind.

Eigenbetriebe und städtische Beteiligungen

Ähnlich wie in großen Wirtschaftsunternehmen gibt es in der kommunalen Struktur häufig Eigenbetriebe und städtische Beteiligungen. Diese können als Tochterunternehmen der Kommune angesehen werden und sind trotz ihrer ausgeprägten Selbstständigkeit eng mit der Kommune verbunden. Unabhängig von ihrer Rechtsform und Organisation gehören sie zum »Mutterkonzern« Kommune und haben den Auftrag, zur Umsetzung der strategischen Ziele der Kommune beizutragen. Auch die bereits genannten Außenstellen werden in einigen Kommunen als Eigenbetriebe oder Beteiligungen geführt. Beispiele für Eigenbetriebe und Beteiligungen sind:

- *Stadtwerke:* Versorgen die Bürger mit Strom, Gas, Wasser und Wärme. Sie betreiben häufig auch den öffentlichen Personennahverkehr und leisten einen wesentlichen Beitrag zur kommunalen Infrastruktur.
- *Wohnungsbaugesellschaften:* Planen, errichten und verwalten bezahlbaren Wohnraum für die Bevölkerung und tragen zur kommunalen Wohnraumentwicklung bei.
- *Entsorgungsbetriebe:* Organisieren die Abfallentsorgung, das Recycling sowie die Abwasserbehandlung und gewährleisten damit eine nachhaltige kommunale Kreislaufwirtschaft.
- *Kommunale Kliniken:* Stellen die medizinische Grundversorgung sicher und betreiben Krankenhäuser sowie weitere Gesundheitsdienstleistungen im öffentlichen Interesse.
- *Freizeiteinrichtungen:* Freizeitparks oder Veranstaltungszentren und ähnliches werden von der Kommune oder deren Beteiligungen betrieben und dienen der Förderung von Freizeit, Sport und Kultur. Auch die o. g. kommunalen Schwimmbäder können als Eigenbetriebe oder als Betriebe mit kommunaler Beteiligung organisiert sein.

Die Verwaltung arbeitet eng mit den Eigenbetrieben zusammen, um eine wirtschaftlich effiziente und rechtssichere Steuerung sicherzustellen. Über Aufsichtsräte oder Gesellschafterversammlungen nimmt die Kommunalpolitik Einfluss auf die strategische Ausrichtung dieser Unternehmen, während das Beteiligungsmanagement in der Verwaltung die operative Koordination übernimmt.

2.3 Aufsichtsbehörden

Im System der kommunalen Selbstverwaltung spielt die Kommunalaufsicht eine wesentliche Rolle. Sie stellt sicher, dass Kommunen im Einklang mit den Gesetzen handeln, während sie gleichzeitig die kommunale Autonomie respektiert. Die verfassungsrechtliche Grundlage bildet Artikel 28 Absatz 2 des Grundgesetzes, der den Gemeinden das Recht der Selbstverwaltung garantiert, jedoch im Rahmen der Gesetze. Die Kommunalaufsicht hat folgende Rollen und Funktionen:

- *Rechtmäßigkeit des Handelns:* Die Kommunalaufsicht überwacht, dass die Entscheidungen und Maßnahmen der Kommune gesetzeskonform sind.
- *Beratung und Unterstützung:* Sie berät die Kommunen in rechtlichen und finanziellen Fragen und hilft bei der Umsetzung komplexer Vorgaben.
- *Genehmigungspflichten:* Bestimmte Beschlüsse, etwa im Zusammenhang mit Satzungen, bedürfen der Genehmigung durch die Aufsichtsbehörde.
- *Eingriffsrechte:* Bei Rechtsverstößen oder schwerwiegenden Missständen kann die Kommunalaufsicht Maßnahmen anordnen oder sogar einen Beauftragten einsetzen.

Die Kommunalaufsicht gliedert sich häufig in mehrere Ebenen: Die untere Kommunalaufsicht wird meist von den Landkreisen oder kreisfreien Städten wahrgenommen und überwacht die Kommunen im eigenen Zuständigkeitsbereich. Die mittlere Ebene der Kommunalaufsicht liegt bei den Regierungspräsidien oder Bezirksregierungen, während die oberste Kommunalaufsicht bei den Innenministerien der Länder angesiedelt ist. Diese Aufteilung variiert je nach Bundesland. In Schleswig-Holstein beispielsweise existiert die mittlere Aufsichtsebene nicht. Hier wird die Aufsicht über Kreise und größere Städte durch die oberste Kommunalaufsicht des Innenministeriums wahrgenommen.

Die kommunale Selbstverwaltung ist als zentrales Prinzip des deutschen Föderalismus im Grundgesetz verankert. Gleichzeitig muss sichergestellt werden, dass Kommunen ihre Aufgaben ordnungsgemäß erfüllen und die Gesetze einhalten. Dies führt zu einem Spannungsfeld zwischen Autonomie und staatlicher Kontrolle. Besonders in finanziellen Notlagen greifen Aufsichtsbehörden mit Haushaltssicherungskonzepten oder Sparauflagen in die Gestaltungsfreiheit der Kommunen ein.

Als Bürgermeister ist es wichtig, ein konstruktives Verhältnis zur Kommunalaufsicht zu pflegen. Offenheit, Transparenz und frühzeitige Kommunikation können dazu beitragen, Konflikte zu vermeiden und gemeinsam Lösungen zu finden.

2.4 Aufgaben des Bürgermeisters

Die Aufgaben des Bürgermeisters sind vielfältig und umfassen sowohl administrative als auch repräsentative Tätigkeiten. Als Bürgermeister leiten Sie die Verwaltung und sind für alle damit verbundenen Aufgaben verantwortlich. Zudem sind Sie der oberste Repräsentant Ihre Kommune und unterzeichnen im Namen der Kommune Verträge und ähnliche Dokumente.

In der öffentlichen Wahrnehmung werden Bürgermeister oft nicht nur als oberste Leitung der Verwaltung gesehen, sondern auch als das Gesicht der gesamten Kommune. Jegliche Entwicklungen, Vorhaben, Geschehnisse und damit verbundene Entscheidungen werden häufig mit ihnen in Verbindung gebracht.

Rechte und Pflichten des Bürgermeisters

Als Bürgermeister der kommunalen Verwaltung tragen Sie die Verantwortung für die ordnungsgemäße Erledigung der Aufgaben und die Sicherstellung eines effizienten Verwaltungsbetriebs. Zu Ihren wichtigsten Aufgaben zählen:

- *Leitung der Verwaltung:* Sie steuern die internen Abläufe, koordinieren die Fachbereiche und stellen sicher, dass die Verwaltung effektiv arbeitet.
- *Umsetzung politischer Beschlüsse:* Sie setzen die Entscheidungen der Kommunalpolitik um.
- *Haushaltsverantwortung:* Sie sind für die Aufstellung des Haushaltsplans verantwortlich, überwachen die Einnahmen und Ausgaben und sorgen für eine wirtschaftliche Haushaltsführung.
- *Personalverantwortung:* Sie treffen Personalentscheidungen, fördern die Mitarbeitenden und sorgen für eine effiziente Organisation der Verwaltungsarbeit. Bei höheren Positionen (z. B. Fachbereichsleitungen) kann die Entscheidungskompetenz je nach Landesrecht eingeschränkt sein und beispielsweise beim Gemeinderat liegen.
- *Repräsentation der Kommune:* Sie vertreten die Kommune nach außen, nehmen an öffentlichen Veranstaltungen teil und unterzeichnen Verträge im Namen der Kommune.
- *Informationspflicht:* Sie informieren die Kommunalpolitik über wichtige Angelegenheiten und stellen sicher, dass die politischen Gremien alle notwendigen Informationen für ihre Entscheidungsfindung erhalten.

- *Teilnahme an Sitzungen:* Sie sind berechtigt und oft verpflichtet, an den Sitzungen der kommunalen Gremien teilzunehmen, und stehen dort für Auskünfte zur Verfügung.
- *Eilentscheidungsrecht:* In dringenden Fällen, die keinen Aufschub dulden, können Sie Entscheidungen eigenständig treffen. Dies ist beispielsweise in Krisensituationen wie bei Naturkatastrophen oder akuten Sicherheitslagen relevant. Ein praktisches Beispiel wäre die sofortige Evakuierung eines Ortsteils bei einer drohenden Überschwemmung, ohne auf einen Beschluss des Gemeinderats warten zu können. In solchen Fällen müssen Sie die Gründe für die Eilentscheidung dokumentieren und die Kommunalvertretung unverzüglich informieren. Dieses Recht ermöglicht es Ihnen, schnell und effektiv zu handeln, wenn das Wohl der Kommune auf dem Spiel steht.

Wahrung von Neutralität und Gemeinwohlorientierung

Unabhängig von den formalen Befugnissen sind Sie als Bürgermeister verpflichtet, Ihr Amt politisch neutral, transparent und sachlich auszuüben. Diese Verpflichtungen ergeben sich insbesondere aus den Artikeln 20 ff. des Grundgesetzes. Diese Neutralitätspflicht dient dazu, das Vertrauen aller Bürger, der lokalen Politik sowie zahlreicher Interessengruppen in Ihre Amtsführung aufrechtzuerhalten. Da der Bürgermeister nicht als Vertreter einer einzelnen Partei, Fraktion oder Interessengruppe wahrgenommen werden soll, ist es wesentlich, sämtliche Entscheidungen und Handlungen stets am Gemeinwohl auszurichten. Dies zeigt sich im Umgang mit Ratsmitgliedern unterschiedlicher politischer Prägungen ebenso wie beim Engagement für vielfältige Vereinsstrukturen in der Gemeinde.

Wenn Sie etwa regelmäßig nur den Veranstaltungen eines bestimmten Sportvereins beiwohnen und diese öffentlich hervorheben, könnte der Eindruck entstehen, dass andere Vereine weniger wichtig sind. Um dies zu vermeiden, empfiehlt es sich, auf lange Sicht eine ausgewogene Präsenz in verschiedenen Vereinen, Verbänden und kulturellen Einrichtungen anzustreben, sodass eine faire Behandlung aller Akteure sichtbar wird. Gleichbehandlung und Sachlichkeitsgebot sind dabei eng miteinander verwoben. Entscheidungen, Stellungnahmen und Kommunikationsmaßnahmen sollten konsequent auf nachvollziehbaren, sachlichen Grundlagen beruhen. Verzichten Sie darauf, persönliche Vorlieben oder parteipolitische Präferenzen in Ihre Amtsausübung einfließen zu lassen. Gerade bei kontroversen Themen ist es entscheidend, sich auf objektive Kriterien, belastbare Daten und fachliche Argumente zu stützen. Eine offene, verständliche und transparente Kommunikation – zum Beispiel über öffentliche Protokolle, Informationsveranstaltungen oder nachvollziehbare Begründungen in Pressemitteilungen – stärkt Ihre Glaubwürdigkeit und trägt dazu bei, dass Sie nicht in den Verdacht geraten, bestimmte Gruppen systematisch zu bevorzugen oder bewusst auszugrenzen.

Die Grenzen Ihrer Äußerungsbefugnis liegen dort, wo die politische Neutralität verletzt oder die Ausgewogenheit der Informationsverbreitung beeinträchtigt würde. Als Bürgermeister sollten Sie daher keine öffentlichen Aufrufe für einzelne Parteien starten oder in amtlicher Funktion politische Positionen so vertreten, dass es wie Wahlkampf erscheint. Stattdessen signalisiert eine neutrale Amtsführung allen Beteiligten, dass ihre Anliegen ernst genommen werden, sofern sie den gesetzlichen und demokratischen Grundsätzen entsprechen. Dies fördert ein Klima des Vertrauens, in dem Konflikte seltener eskalieren, weil alle Seiten wissen, dass ihre Interessen nach gleichen Maßstäben berücksichtigt werden.

Die Vermeidung von Interessenkonflikten ist ein weiterer Schlüssel zur Wahrung der Neutralität. Entstehen Situationen, in denen persönliche, wirtschaftliche oder politische Verbindungen Ihre Entscheidungsfreiheit zu beeinflussen drohen, sollten Sie dies offenlegen und die erforderlichen Schritte unternehmen, um sich aus solchen Entscheidungsprozessen zurückzuziehen. Dies gilt auch, wenn sich durch die

Entscheidung kein unmittelbarer Vor- oder Nachteil ergibt. Ein Beispiel könnte die Gewährung eines großzügigen Zuschusses von der Gemeinde an einen örtlichen Sportverein sein, in dem Sie Mitglied sind, jedoch keine besondere persönliche oder wirtschaftliche Beziehung zu den Vorstandsmitgliedern»Ihres« Vereins pflegen und selbst nicht im Vorstand oder in einer sonstigen verantwortlichen Position tätig sind. Obwohl Sie in einem solchen Fall nicht unmittelbar profitieren, signalisiert ein transparenter Umgang mit der Situation, etwa durch rechtzeitige Rücksprache mit den zuständigen Gremien oder durch die Delegation der Entscheidung an eine neutrale Stelle, dass Sie sich klar am öffentlichen Interesse orientieren und persönliche Vorteile oder Bevorzugungen konsequent ausschließen.

Es ist wichtig zu beachten, dass in bestimmten Fällen eine gesetzliche Befangenheit vorliegen kann. Gemäß den geltenden Gemeindeordnungen sind Sie als Bürgermeister verpflichtet, bei Angelegenheiten, die Ihnen selbst oder nahen Angehörigen einen unmittelbaren Vor- oder Nachteil bringen können, Ihre Befangenheit offenzulegen und sich aus dem Entscheidungsprozess zurückzuziehen. Die strikte Einhaltung dieser Vorschriften ist unerlässlich, um die Integrität des Entscheidungsprozesses zu wahren und rechtliche Konsequenzen zu vermeiden.

Insgesamt verfolgt Ihre Amtsführung das Ziel, das Gemeinwohl in den Mittelpunkt zu stellen. Wenn Sie alle Interessengruppen respektvoll behandeln, auf sachlicher Grundlage argumentieren, die Grenzen Ihrer Äußerungsbefugnis kennen, transparente Entscheidungswege sicherstellen und Interessenkonflikte konsequent vermeiden, schaffen Sie eine feste Basis für Ihr Wirken als Bürgermeister. Damit stärken Sie nicht nur Ihre eigene Position, sondern auch das Vertrauen der Bürger in die demokratischen Prozesse auf kommunaler Ebene insgesamt. Die Achtung dieser Grundsätze ermöglicht es Ihnen, sich in der komplexen Welt kommunaler Verwaltung und Politik glaubwürdig zu bewegen und dauerhaft als verlässliche, integre Führungspersönlichkeit wahrgenommen zu werden.

Das Amt des Bürgermeisters ist anspruchsvoll und erfordert ein hohes Maß an Engagement, Kompetenz und Verantwortungsbewusstsein. Sie haben die Möglichkeit, die Zukunft Ihrer Kommune aktiv zu gestalten und einen positiven Einfluss auf das Leben der Bürgerinnen und Bürger zu nehmen. Seien Sie sich der Bedeutung Ihrer Position bewusst und nutzen Sie Ihre Gestaltungsspielräume, um gemeinsam mit der Politik die besten Lösungen für Ihre Kommune zu finden!

2.5 Aufgaben der Kommunalpolitik

Die Kommunalpolitik spielt eine zentrale Rolle in der Gestaltung und Entwicklung der Kommune. Sie legt die Ziele und Grundsätze fest und ist das entscheidende Organ in allen wichtigen Angelegenheiten der Kommune.

Die kommunale Vertretung ist beispielsweise der Gemeinderat oder die Stadtverordnetenversammlung – die genaue Bezeichnung des Gremiums kann von Kommune zu Kommune sowie zwischen Bundesländern variieren. Ich werde in der Folge meist den Begriff »Rat« oder »kommunale Vertretung« nutzen. Der Rat setzt sich aus den gewählten Vertretern der Bürgerinnen und Bürger zusammen. Diese Mandatsträger sind in der Regel ehrenamtlich tätig und erhalten für ihre Arbeit eine Aufwandsentschädigung. Sie gehören verschiedenen Fraktionen oder Wählergemeinschaften an, es kann jedoch auch fraktionslose Mitglieder geben. Die Anzahl der Mitglieder, die Wahlzeit sowie das Wahlverfahren sind in den jeweiligen Gemeindeordnungen der Bundesländer geregelt.

In den Sitzungen der kommunalen Vertretung werden durch Abstimmungen Beschlüsse gefasst, die maßgeblichen Einfluss auf die Entwicklung der Kommune haben. Die Politik nimmt dabei sowohl auf strategischer als auch auf operativer Ebene Einfluss auf die Lebensqualität der Bürgerinnen und Bürger.

Rechte und Pflichten des Rats

Die Kommunalpolitik hat umfangreiche Rechte und Pflichten, die für das Funktionieren der Kommune essenziell sind. Die Hauptaufgaben des obersten Gremiums der Kommunalpolitik, des Rats, lassen sich wie folgt zusammenfassen:

1. *Festlegung von Zielen und Grundsätzen:* Der Rat bestimmt die strategische Ausrichtung der Kommune. Er setzt Prioritäten für die Entwicklung und legt Leitlinien für die Arbeit der Verwaltung fest.

2. *Beschlussfassung über wichtige Angelegenheiten:* Zu den zentralen Aufgaben des Rats gehört es, Entscheidungen in wesentlichen Fragen zu treffen. Dies spiegelt das Prinzip der Gewaltenteilung auf kommunaler Ebene wider, wobei der Rat als Legislative fungiert und der Bürgermeister die Exekutive repräsentiert. In dieser Rolle trifft der Rat grundlegende Entscheidungen, die die Richtung der Kommunalpolitik bestimmen. Dies umfasst beispielsweise die »vorbehaltenen Entscheidungen«, die so heißen, weil sie ausschließlich der kommunalen Vertretung vorbehalten sind und nicht an Ausschüsse oder den Bürgermeister delegiert werden können. Der Hintergrund ist, die demokratische Legitimation dieser Entscheidungen zu gewährleisten. Welche Entscheidungen das sind, ist in den Gemeindeordnungen der Bundesländer festgelegt. Dazu zählen:
   - *Erlass von Satzungen und Verordnungen:* Der Rat legt Regeln und Vorschriften fest, die für alle Bürger der Kommune gelten.
   - *Haushaltsplan und Finanzentscheidungen:* Er genehmigt den Haushaltsplan und entscheidet über Investitionen und Kredite.
   - *Bauleitplanung:* Der Rat stellt Flächennutzungs- und Bebauungspläne auf, mit denen er die städtebauliche Entwicklung der Kommune steuert.
   - *Entscheidungen über bedeutende Vermögensangelegenheiten:* Er bestimmt über den Erwerb oder die Veräußerung von Immobilien sowie über Beteiligungen an Unternehmen.

- *Grundsatzentscheidungen in wichtigen Personalangelegenheiten:* Der Rat entscheidet über die Einstellung von leitenden Beamten oder Angestellten, sofern dies nicht dem Bürgermeister obliegt.

3. *Kontrolle der Verwaltung:* Die kommunale Vertretung überwacht die Umsetzung ihrer Beschlüsse durch die Verwaltung. Sie prüft, ob die Verwaltung rechtmäßig und effizient arbeitet, und kann Auskünfte und Berichte anfordern.

4. *Einrichtung von Ausschüssen:* Um die Arbeitsfähigkeit zu erhöhen und Fachkompetenz zu bündeln, kann die kommunale Vertretung Ausschüsse bilden. Diese bereiten Beschlüsse vor und beraten in spezialisierten Themenbereichen. Typische Ausschüsse sind:
   - Hauptausschuss
   - Finanzausschuss
   - Bauausschuss
   - Sozialausschuss
   - Kulturausschuss

   Die genaue Anzahl und Ausgestaltung der Ausschüsse hängen von der Größe der Kommune und den spezifischen Bedürfnissen ab. Auf die Zuständigkeitsbereiche gehe ich in einem späteren Kapitel praxisorientiert ein.

5. *Repräsentation der Bürgerinteressen:* Als gewählte Vertreterinnen und Vertreter sind die Mitglieder der kommunalen Vertretung dem Wohl der Kommune verpflichtet. Sie handeln nach bestem Wissen und Gewissen und sollen die Interessen der Bürgerinnen und Bürger angemessen vertreten.

Freiheit des Mandats und Verschwiegenheitspflicht

Die Mitglieder der kommunalen Vertretungen handeln in ihrer Tätigkeit nach freier, nur durch das öffentliche Wohl bestimmter Überzeugung. Sie sind nicht an Weisungen gebunden und sollen ihre Aufgaben uneigennützig und verantwortungsbewusst wahrnehmen.

Mit der Pflicht zur Gemeinwohlorientierung ist auch eine Verschwiegenheitspflicht verbunden. Diese gilt insbesondere für Angelegenheiten, die in nichtöffentlichen Sitzungen besprochen werden oder der Natur nach vertraulich sind. Verstöße gegen die Verschwiegenheitspflicht können rechtliche Konsequenzen haben und das Vertrauen in die kommunale Selbstverwaltung beeinträchtigen.

2.6 Abgrenzung und Zusammenspiel zwischen Bürgermeister und Politik

Nachdem wir die spezifischen Aufgaben des Bürgermeisters und der Kommunalpolitik betrachtet haben, ist es entscheidend, die Unterschiede und Schnittstellen zwischen diesen beiden Rollen klar zu definieren.

Die Kommunalpolitik ist für die strategische Ausrichtung der Kommune verantwortlich. Sie legt die langfristigen Ziele fest, trifft grundlegende Entscheidungen und kontrolliert die Umsetzung ihrer Beschlüsse. Die Mitglieder der kommunalen Vertretung handeln dabei als gewählte Repräsentanten der Bürger und sind dem Gemeinwohl verpflichtet.

Der Bürgermeister hingegen ist für die operative Umsetzung dieser politischen Entscheidungen zuständig. Als Leiter der Verwaltung sorgt er dafür, dass die Beschlüsse der Kommunalpolitik effizient und rechtmäßig in die Tat umgesetzt werden. Er agiert als Bindeglied zwischen der politischen Willensbildung und der administrativen Durchführung.

Wesentliche Unterschiede zwischen den Rollen können grob wie folgt gegliedert werden:

- *Strategische Entscheidung vs. operative Umsetzung:* Die Kommunalpolitik entscheidet, *was* getan werden soll, der Bürgermeister entscheidet, *wie* es umgesetzt wird.

- *Legislative Funktion vs. exekutive Funktion:* Die kommunalen Vertretungen haben die gesetzgebende (legislative) Rolle auf kommunaler Ebene inne, während der Bürgermeister die vollziehende (exekutive) Rolle übernimmt.
- *Kontrolle vs. Durchführung:* Die Kommunalpolitik überwacht die Arbeit der Verwaltung, der Bürgermeister führt die täglichen Geschäfte und berichtet an die politischen Gremien.

Die Zusammenarbeit beider Rollen kann wie folgt zusammengefasst werden:

- *Interdependenz:* Beide Rollen sind voneinander abhängig. Die Kommunalpolitik benötigt eine funktionierende Verwaltung, um ihre Ziele zu erreichen, während der Bürgermeister auf klare Vorgaben und Entscheidungen der Politik angewiesen ist.
- *Kommunikation:* Ein regelmäßiger und offener Austausch ist essenziell. Der Bürgermeister informiert die Politik über den Stand der Umsetzung und mögliche Herausforderungen, während die Politik dem Bürgermeister die nötigen Handlungsspielräume einräumt.
- *Beratende Funktion des Bürgermeisters:* Obwohl der Bürgermeister nicht Teil der politischen Entscheidungsfindung ist, bringt er seine fachliche Expertise ein, um die Politik zu beraten und fundierte Entscheidungen zu ermöglichen.

Trotz unterschiedlicher Rollen teilen Bürgermeister und Kommunalpolitik das gemeinsame Ziel, das Wohl der Kommune und ihrer Bürger zu fördern. Ein klares Verständnis der unterschiedlichen Rollen und der Bedeutung einer engen Zusammenarbeit zwischen Bürgermeister und Kommunalpolitik ist essenziell für eine erfolgreiche Amtsführung.

Zusammenfassung

Die Metapher des »Steuermanns der Verwaltung« kann dabei helfen, die Rollen von Bürgermeister und Kommunalpolitik anschaulich zu verdeutlichen und wesentliche Punkte dieses Kapitels zusammenzufassen:

Stellen Sie sich die Kommune als ein Schiff vor, das auf seiner Reise verschiedene Ziele ansteuert. Die Kommunalpolitik ist dabei die Reederei, die Eigentümerin des Schiffes. Sie legt fest, wohin die Reise gehen soll, bestimmt die Route und die Ziele, die erreicht werden sollen. Sie entscheidet über Investitionen, die Ausstattung des Schiffes und die Dienstleistungen, die den Passagieren – den Bürgerinnen und Bürgern – angeboten werden sollen.

Als Bürgermeister sind Sie der Steuermann dieses Schiffes. Ihre Verantwortung liegt darin, das Schiff sicher zu navigieren und die Vorgaben der Reederei umzusetzen. Mit Ihrer Crew, der Verwaltung, sorgen Sie dafür, dass das Schiff in gutem Zustand ist, die Maschinen laufen und die Passagiere zufrieden sind. Sie kennen die Gewässer, können auf unvorhergesehene Ereignisse reagieren und treffen operative Entscheidungen, um das Schiff auf Kurs zu halten.

Während der Reise arbeiten Sie als Steuermann eng mit der Reederei zusammen. Sie informieren die Reederei über den Fortschritt, mögliche Herausforderungen und machen Vorschläge, wie die Reise effizienter oder angenehmer gestaltet werden kann. Die Reederei vertraut auf Ihre Expertise und berücksichtigt Ihre Empfehlungen bei künftigen Entscheidungen.

Diese Metapher verdeutlicht das Zusammenspiel zwischen Kommunalpolitik und Bürgermeister: Die Politik setzt die strategischen Ziele und gibt die Richtung vor, während der Bürgermeister für die operative Umsetzung und die Führung der Verwaltung verantwortlich ist. Beide Rollen sind unverzichtbar und ergänzen sich, um das Wohl der Kommune und ihrer Bürgerinnen und Bürger zu fördern.

Mit diesem Bild möchte ich das Kapitel zur Einführung in die kommunale Landschaft abschließen. Sie haben nun einen umfassenden Überblick über die Strukturen, Aufgaben und Zusammenhänge erhalten, die für Ihre Tätigkeit als Bürgermeister von Bedeutung sind. Dieses Wissen ist für eine erfolgreiche Amtsführung entscheidend und hilft Ihnen dabei, Ihre Kommune positiv zu gestalten.

Denken Sie stets daran, dass eine konstruktive Zusammenarbeit zwischen Kommunalpolitik und Verwaltung der Schlüssel zum Erfolg ist. Mit Engagement, Fachkenntnis und gegenseitigem Vertrauen können Sie die Herausforderungen meistern und zum Wohl Ihrer Kommune beitragen.

3
Vorbereitung und der erste Tag als Bürgermeister

>> Gib mir sechs Stunden, einen Baum zu fällen, und ich werde die ersten vier damit verbringen, die Axt zu schärfen.
(Abraham Lincoln)

Dieses Zitat unterstreicht eindrucksvoll, wie entscheidend eine gründliche Vorbereitung für den Erfolg ist. Als zukünftiger Bürgermeister steht Ihnen ein bedeutender Tag bevor – Ihr erster Tag im Amt. Machen Sie sich bewusst, dass viele Mitarbeitende des Rathauses bereits Ihren Wahlkampf verfolgt haben und gespannt darauf sind, Sie kennenzulernen.

Eine sorgfältige Vorbereitung, sowohl persönlich als auch fachlich, ist essenziell, um diesen Tag optimal zu beginnen und einen langfristig positiven Einfluss auf Ihre Amtszeit zu bewirken. Denken Sie daran: Für den ersten Eindruck gibt es keine zweite Chance.

3.1 Person des öffentlichen Lebens

Als Bürgermeister sind Sie aufgrund Ihrer Position in Ihrer Kommune eine Person des öffentlichen Lebens. Schon mit Beginn Ihrer Kandidatur für das Bürgermeisteramt werden Sie im Wahlkampf festgestellt haben, dass Sie in der Aufmerksamkeit der Öffentlichkeit stehen. Darüber sollten Sie sich sowohl in Ihrem dienstlichen als auch privaten Handeln jederzeit bewusst sein. Kommunizieren Sie dazu auch dezidiert mit Ihrem

Pressesprecher und stellen Sie sicher, dass Sie zwischen Ihren privaten und dienstlichen Ansichten gut unterscheiden.

Ihre neue Position wirkt sich nicht nur auf Sie persönlich aus, sondern auch auf Ihre Familienangehörigen und Partner. Die Öffentlichkeit wird auch bei diesem Personenkreis voraussichtlich schnell eine direkte Verbindung zu Ihnen als Person des öffentlichen Lebens herstellen. Das bedeutet, dass sich Familienangehörige und Partner indirekt auch im Fokus der Öffentlichkeit befinden. Vermutlich werden Sie diesen Aspekt und die damit einhergehende verstärkte Sichtbarkeit für die Öffentlichkeit bereits vor Beginn Ihrer Kandidatur thematisiert haben. Führen Sie dies auch zu Beginn Ihrer Amtszeit fort und gehen Sie in den Dialog mit Ihren Familienangehörigen.

Sie sollten sich vor Ihrer Amtsübernahme klar darüber werden, inwieweit Sie Ihr persönliches Umfeld in Ihre Amtsausübung einbinden möchten. Wie viel von Ihrem persönlichen Lebensbereich möchten Sie mit Ihren Arbeitskollegen teilen? Wie viel davon auch mit der Öffentlichkeit? Möchten Sie Ihre Familie bei öffentlichen Veranstaltungen miteinbeziehen? Wie kann oder möchte Ihre Familie einbezogen werden? Gibt es besondere Faktoren oder Themen aus der Vergangenheit, die negativen Einfluss auf Ihre Außenwirkung haben könnten? Wie möchten Sie gemeinsam mit Ihrer Familie damit umgehen? Je klarer Sie diese beispielhaften Fragen für sich beantworten und gegebenenfalls mit Ihrem persönlichen Umfeld im Vorwege abstimmen können, desto klarer können Sie Ihre Kommunikation danach ausrichten.

Generell ist es empfehlenswert, Ihr persönliches Umfeld Ihrerseits miteinzubeziehen und mit Ihrer Familie über Ihren Arbeitsalltag zu kommunizieren. Ihre Familie hat dadurch eine bessere Möglichkeit, Sie in Ihrem Arbeitsalltag zu unterstützen. Ein Verständnis Ihrer Rolle und der damit einhergehenden Aufgaben wird Ihren Liebsten helfen, wenn Sie beispielsweise aufgrund intensiver Diskussionen in Sitzungen mit der Kommunalpolitik verspätet nach Hause kommen. Oder wenn der gewünschte Urlaub im Herbst zulasten der Haushaltsberatungen weichen soll.

Im Bereich der privaten Nutzung sozialer Netzwerke sollten Sie gezielt darauf achten, was Sie mit der Öffentlichkeit teilen. Neben Freunden und weiteren Familienangehörigen befinden sich sicherlich auch entfernte Bekannte in Ihrem Netzwerk und können Ihre Inhalte verfolgen. Aber auch Ihre Freunde und Familienangehörigen sollten mit Bedacht auswählen, was sie in sozialen Netzwerken teilen, etwa wenn sie gerade mit Ihnen gemeinsam im Urlaub sind. Thematisieren Sie den Umgang mit sozialen Netzwerken und stellen Sie sicher, dass Sie ein gemeinsames Verständnis über deren Verwendung haben. Ein öffentlich sichtbarer Beitrag unter einem Bild kann schnell weitreichende Folgen haben.

Gleiches gilt auch für die analoge Sichtbarkeit. Berücksichtigen Sie bei privaten oder öffentlichen Veranstaltungen, dass Sie stets in der Aufmerksamkeit der Öffentlichkeit stehen. Sie sind Bürgermeister. Jederzeit.

3.2 Mentale Vorbereitung

Die letzten Tage vor Ihrem Amtsantritt sollten Sie nutzen, um sich mental auf Ihre neue Rolle einzustellen. Gönnen Sie sich Ruhe und sorgen Sie für einen klaren Kopf. Aktivitäten wie Spaziergänge, leichte sportliche Übungen oder Meditation können dabei helfen, Stress abzubauen und Ihre Gedanken zu ordnen. Nutzen Sie diese Zeit, um ein positives Mindset zu entwickeln.

Ein wesentlicher Aspekt der mentalen Vorbereitung ist die Visualisierung. Indem Sie sich Ihren ersten Tag im Amt lebhaft und detailliert vorstellen, können Sie Ängste und Unsicherheiten abbauen und sich auf die bevorstehenden Aufgaben einstimmen. So fühlen Sie sich besser vorbereitet und können souveräner auftreten.

Wissenschaftliche Studien haben gezeigt, dass Visualisierungstechniken die Stressbewältigung verbessern und das Selbstvertrauen stärken können.[1] Psychologen nutzen Visualisierung deshalb als Instrument, um Menschen wirksam dabei zu helfen, ihre Ziele zu erreichen und Leistungsängste zu reduzieren. Durch die Vorstellung positiver Szenarien aktivieren Sie neuronale Netzwerke in Ihrem Gehirn, die auch bei der tatsächlichen Durchführung der Aufgaben verwendet werden. Dies schafft eine Art mentale »Generalprobe«, die Ihnen Sicherheit gibt. Die Anwendung von Visualisierung ist nicht nur im Sport oder in der Therapie erfolgreich, sondern auch im beruflichen Kontext. Führungskräfte, die regelmäßig Visualisierung nutzen, berichten von gesteigerter Leistung, besserer Entscheidungsfindung und erhöhter Resilienz gegenüber Stress.[2]

Stellen Sie sich vor, wie Sie das Rathaus durch die Eingangstür betreten, entgegenkommende Kollegen freundlich begrüßen und die Treppenstufen zu Ihrem Büro hinaufsteigen. Sie führen Gespräche mit Ihren Mitarbeitenden, treffen Entscheidungen und senden in der Mittagspause vielleicht eine kurze Nachricht an Ihre Familie. Am Ende des Tages verlassen Sie zufrieden das Büro und blicken auf einen erfolgreichen ersten Tag zurück.

Durch diese Vorstellung »erlebt« Ihr Geist die Situation bereits vorab, denn Ihr Gehirn kann nicht zwischen Realität und Vorstellung unterscheiden.[3] Diese mentale »Generalprobe« hilft Ihnen, sich sicherer zu fühlen und mit gestärktem Selbstvertrauen in den tatsächlichen Tag

---

1   Beispielsweise Robert S. Weinberg, Thomas G. Seabourne und Allen Jackson (1981): Effects of visuo-motor behavior rehearsal, relaxation, and imagery on karate performance, in: Journal of Sport Psychology 3 (3), S. 228–238.

2   Christopher P. Neck und Charles C. Manz (1992): Thought self-leadership: The influence of self-talk and mental imagery on performance, in: Journal of Organizational Behavior 13 (7), S. 681–699.

3   Stephen M. Kosslyn, Giorgio Ganis und William L. Thompson (2001): Neural foundations of imagery, in: Nature Reviews Neuroscience 2 (9), S. 635–642.

zu starten. Die positive Erwartungshaltung, die Sie dadurch aufbauen, wirkt sich unmittelbar auf Ihre innere Haltung aus. Durch die bewusste Auseinandersetzung mit Ihrem bevorstehenden ersten Tag schaffen Sie eine positive Erwartungshaltung und können selbstbewusster auftreten. Die Technik der Visualisierung kann Ihnen auch zukünftig dabei helfen, sich auf wichtige Ereignisse und Herausforderungen in Ihrer Amtszeit effektiv vorzubereiten.

Anleitung zur Visualisierung

Um die Visualisierung effektiv zu nutzen, suchen Sie sich einen ruhigen Ort, an dem Sie ungestört sind. Schließen Sie die Augen und konzentrieren Sie sich auf Ihre Atmung, bis Sie sich entspannt fühlen.

Beginnen Sie dann, sich Ihren ersten Tag im Amt vorzustellen. Je mehr Sinne Sie dabei ansteuern, desto realer wird die Vorstellung für Ihr Gehirn. Sehen Sie die Details vor Ihrem inneren Auge: das Gebäude, die Räume, die Gesichter Ihrer Mitarbeitenden. Hören Sie die Gespräche, spüren Sie den Händedruck bei der Begrüßung, riechen Sie den Duft von frischem Kaffee. Stellen Sie sich vor, wie Sie erfolgreiche Meetings leiten, positive Rückmeldungen erhalten und Herausforderungen souverän meistern.

Beenden Sie die Visualisierung mit dem Gedanken an einen gelungenen Arbeitstag, an dem Sie zufrieden nach Hause gehen. Wiederholen Sie diese Übung in den Tagen vor Ihrem Amtsantritt regelmäßig, um Ihre mentale Vorbereitung zu stärken.

3.3 Fachliche Vorbereitung

Neben der mentalen Vorbereitung sollten Sie sich natürlich auch fachlich auf Ihren ersten Tag als Bürgermeister einstellen. Die fachliche Vorbereitung unterscheidet sich von der allgemeinen Einarbeitung in das Amt, da sie sich speziell auf die Ereignisse und Aufgaben konzentriert, die am ersten Tag auf Sie zukommen werden.

Beginnen Sie mit einem Überblick über die aktuellen Geschehnisse in Ihrer Kommune. Nutzen Sie die vielfältigen Informationsquellen, um sich ein umfassendes Bild zu machen. Lesen Sie beispielsweise die neuesten Presseartikel und Berichte, um sich über die Themen zu informieren, die Ihre Bürger gerade bewegen. Dies kann von neuen Entwicklungsprojekten über lokale Veranstaltungen bis hin zu drängenden Herausforderungen reichen, die in der Kommune diskutiert werden. Auch das offizielle Bürgerinformationssystem, in dem die kommunalpolitische Gremienarbeit abgebildet ist, kann dabei sehr hilfreich sein. Über die sozialen Medien und Netzwerke lassen sich darüber hinaus die aktuellen Stimmungen und Meinungen der Bürger gut erfassen.

Nachdem Sie einen Überblick gewonnen haben, identifizieren Sie die wichtigsten Themen, die am ersten Tag Ihrer Amtszeit relevant sein könnten. Das könnte eine wichtige Gemeinderatssitzung, ein dringendes Problem oder ein bedeutendes lokales Ereignis sein. Priorisieren Sie diese Themen, um sich darauf vorzubereiten, fachkundige und informierte Entscheidungen zu treffen.

Am ersten Tag im Amt als Bürgermeister können Sie eine Reihe von Fragen erwarten, die sich speziell auf Ihren Amtsantritt und Ihre unmittelbaren Pläne beziehen. Es ist wichtig, dass Sie sich auf diese Fragen vorbereiten, um kompetent und selbstbewusst zu antworten.

Es ist wichtig, authentisch zu bleiben und zuzugeben, wenn Sie auf eine bestimmte Frage noch keine Antwort haben. Ein ehrliches »Das ist etwas, womit ich mich noch intensiver befassen möchte, da mir dieses

Thema besonders wichtig ist«, wird besser ankommen als eine unvorbereitete Antwort.

Mögliche Fragen und vorbereitete Antworten

Frage von Mitarbeitern:
»Was sind Ihre ersten Schritte als unser neuer Bürgermeister?«

Antwort:
»Mein erster Schritt ist es, die aktuelle Situation zu bewerten und ein tieferes Verständnis für die laufenden Projekte und Herausforderungen unserer Kommune zu entwickeln.«

Frage von Bürgern:
»Wie werden Sie die Interessen der Bürger in Ihrer Amtszeit berücksichtigen?«

Antwort:
»Ich beabsichtige, regelmäßige Bürgermeistersprechstunden einzuführen, um direkt von den Bürgern zu hören und ihre Anliegen in meine Entscheidungsfindung einfließen zu lassen.«

Frage von Medienvertretern:
»Welche Hauptziele haben Sie für Ihre erste Amtszeit?«

Antwort:
»Meine Hauptziele sind die Verbesserung der kommunalen Dienstleistungen, die Förderung der lokalen Wirtschaft und die Stärkung des sozialen Zusammenhalts in unserer Kommune.«

Indem Sie sich auf diese Art von Fragen vorbereiten, zeigen Sie, dass Sie bereit sind, Ihre Rolle als Bürgermeister aktiv anzugehen. Sie vermitteln ein Bild von Offenheit, Zugänglichkeit und Bereitschaft zur Zusammenarbeit, was entscheidend ist, um das Vertrauen Ihrer Mitarbeiter, Bürger und der Medien vom ersten Tag an zu gewinnen.

Stellen Sie zudem sicher, dass Ihr Kalender für die erste Woche möglichst frei von privaten Verpflichtungen ist – auch wenn das bedeutet, familiäre Termine oder persönliche Vorhaben bewusst zu verschieben. Dies ermöglicht es Ihnen, sich voll und ganz auf die anstehenden Aufgaben und Begegnungen zu konzentrieren, und sorgt für einen möglichst reibungslosen und erfolgreichen Start in Ihr neues Amt. Informieren Sie auch Ihre Familie und suchen Sie deren Unterstützung, um ein Verständnis für die bevorstehenden Veränderungen und Verpflichtungen zu schaffen.

Falls möglich, kann es hilfreich sein, bereits vor Ihrem Amtsantritt ein Telefonat mit Ihrem Vorgänger zu führen. Ein solches Gespräch ermöglicht Ihnen einen ersten Überblick über laufende Projekte, offene Themen und strategische Herausforderungen, die auf Sie zukommen. Auch ein Austausch mit dem Büroleiter oder dem Pressesprecher kann wertvolle Einblicke in die internen Abläufe und die aktuelle Kommunikation der Verwaltung geben. Diese Vorgespräche sind keine zwingende Voraussetzung, aber sie können Ihnen helfen, gut vorbereitet in Ihren ersten Arbeitstag zu starten.

Zum Abschluss Ihrer Vorbereitungen überprüfen Sie Ihren Kalender für den ersten Tag. Stellen Sie sicher, dass Sie alle wichtigen Termine kennen und bereiten Sie sich auf diese vor. Legen Sie auch fest, mit welchen Mitarbeitern oder Führungskräften Sie sich treffen möchten, um einen guten ersten Eindruck von der Arbeitsweise im Rathaus zu bekommen. In den nachfolgenden Kapiteln werde ich Ihnen dazu konkrete Empfehlungen geben.

Durch diese gezielte Vorbereitung sind Sie nicht nur gut informiert, sondern auch in der Lage, am ersten Tag souverän und kompetent aufzutreten. Dies ist ein entscheidender Schritt, um Vertrauen und Respekt bei Ihren Mitarbeitern und den Bürgern zu gewinnen.

3.4 Praktische Aspekte: Sorgenfreier Start in den ersten Tag

Eine umsichtige Vorbereitung auch auf die praktischen Aspekte des ersten Tags legt den Grundstein für einen erfolgreichen Start in Ihre Amtszeit und hilft, mögliche Stressfaktoren zu minimieren.

Sorgen Sie für eine ruhige und entspannte Nacht vor Ihrem ersten Tag. Vermeiden Sie experimentelle oder schwere Mahlzeiten am Vorabend, um eine unruhige Nacht und schlechten Schlaf zu verhindern. Ein leichtes, zufriedenstellendes Abendessen mit Ihren Familienangehörigen oder Freunden kann Ihnen helfen, gut zu schlafen und energiegeladen in den Tag zu starten.

Auch die Auswahl Ihrer Kleidung und die Planung Ihrer Anreise am Vorabend ist mehr als nur eine Zeitersparnis: Es ist eine Strategie, um Ihre mentale Energie für die wirklich wichtigen Entscheidungen des kommenden Tages zu bewahren. Jeder Mensch hat täglich nur eine begrenzte Kapazität für Entscheidungen – ein Konzept, das in der Psychologie als »Entscheidungsmüdigkeit« bekannt ist.[4] Indem Sie einfache Entscheidungen wie die Wahl Ihrer Kleidung oder die Anreisemöglichkeiten am Abend zuvor treffen, reduzieren Sie die kognitive Belastung am Morgen.[5]

Die Wahl des passenden Outfits für Ihren ersten Tag als Bürgermeister ist entscheidend, um einen professionellen und selbstbewussten

---

4   Roy F. Baumeister, Ellen Bratslavsky, Mark Muraven und Dianne M. Tice (1998): Ego depletion: Is the active self a limited resource?, in: Journal of Personality and Social Psychology 74 (5), S. 1252–1265.

5   Kathleen D. Vohs, Roy F. Baumeister, Brandon J. Schmeichel, Jean M. Twenge, Noelle M. Nelson und Dianne M. Tice (2008): Making choices impairs subsequent self-control: A limited-resource account of decision making, self-regulation, and active initiative, in: Journal of Personality and Social Psychology 94 (5), S. 883–898; Daniel Kahneman (2011): Thinking, Fast and Slow, New York.

Eindruck zu hinterlassen. Wählen Sie Kleidung, die sowohl angemessen als auch bequem ist, sodass Sie sich den ganzen Tag über wohlfühlen und sich auf Ihre Aufgaben konzentrieren können. Im Zweifel ist es ratsam, ein formelleres Outfit zu wählen, um in jeder Situation passend gekleidet zu sein. So vermitteln Sie auch Ihren Mitarbeitern und den Bürgern Respekt und Wertschätzung.

Weiter ist es sinnvoll, ein zusätzliches Hemd oder eine Bluse bereitzuhalten. Falls unerwartet etwas verschmutzt oder beschädigt wird, können Sie sich schnell umziehen und den Tag ohne Sorge um Ihr Erscheinungsbild fortsetzen.

Denken Sie außerdem über Ihre Anreise zum Rathaus nach. Planen Sie genügend Zeit ein, um unvorhergesehene Verzögerungen zu kompensieren. Überlegen Sie sich Alternativen, falls Sie mit Verkehrsproblemen oder Ausfällen im öffentlichen Nahverkehr konfrontiert werden. Ziel ist es, entspannt und pünktlich im Rathaus anzukommen.

3.5   Der Startschuss: Der erste Arbeitstag beginnt

Der erste Tag im Amt als Bürgermeister markiert den Beginn einer neuen Phase sowohl in Ihrer Karriere als auch für die Kommune, die Sie führen werden. Dieser Tag ist von besonderer Bedeutung, da er den Start für Ihre Amtszeit markiert und einen ersten und nachhaltigen Eindruck bei Ihren Mitarbeitern, Bürgern und anderen Schlüsselakteuren hinterlässt. Es ist eine einzigartige Gelegenheit, Ihre Führungsqualitäten zu demonstrieren, Vertrauen aufzubauen und Ihre Bereitschaft zur Zusammenarbeit zu signalisieren.

Verhaltensempfehlungen für den ersten Tag
- *Offenheit und Zugänglichkeit:* Zeigen Sie sich offen für Gespräche und Anregungen. Eine zugängliche Haltung fördert eine positive Arbeitsatmosphäre und lädt zum Austausch ein. Denken Sie daran –

Ihre Mitarbeiter wissen bereits, wie es in der Verwaltung läuft und was die Herausforderungen sind. Sie können gerade in der Anfangszeit sehr viel von Ihren Kollegen lernen.

- *Aktives Zuhören:* Hören Sie aufmerksam zu, was Ihre Kollegen sagen. Dies signalisiert nicht nur Respekt und Wertschätzung, Sie können auch, wie gesagt von der Erfahrung Ihrer Kollegen profitieren.
- *Authentizität:* Bleiben Sie authentisch in Ihrer Kommunikation und Ihrem Auftreten. Authentizität schafft Vertrauen und Glaubwürdigkeit. Ihre Mitarbeiter werden sehr schnell erkennen, ob Sie Ihnen mit ehrlicher Wertschätzung begegnen oder die Wertschätzung nur gespielt ist. Egal was Sie tun, verstellen Sie sich nicht.
- *Positive Ausstrahlung:* Ein positiver und zuversichtlicher Auftritt wirkt ansteckend und motivierend. Zeigen Sie Begeisterung für die bevorstehenden Aufgaben und Herausforderungen.
- *Ansprache:* Verwaltungen sind trotz fortschreitender Digitalisierung und agiler Arbeitsumgebungen noch immer von einer gewissen Bürokratie und Hierarchie geprägt. Standardmäßig erfolgt die Ansprache unter den Mitarbeitern zu Beginn durch »Sie« statt »Du«. Dies gilt insbesondere in der Kommunikation zwischen Ihnen als Bürgermeister und den Mitarbeitern der Verwaltung. Als Bürgermeister haben Sie eine besondere Rolle innerhalb der Verwaltung. Viele Bürgermeister entscheiden sich bewusst dafür, das förmliche »Sie« gegenüber allen Mitarbeitern und Führungskräften beizubehalten, um eine professionelle Distanz zu wahren und die Hierarchieebenen zu respektieren. Dies kann dazu beitragen, klare Strukturen zu erhalten und Missverständnisse zu vermeiden. Sollten Sie dennoch überlegen, das »Du« anzubieten, ist es ratsam, dies gut abzuwägen. Ein zu frühes oder unüberlegtes Duzen könnte als zu vertraulich empfunden werden und unter Umständen die professionelle Beziehung beeinträchtigen. Es empfiehlt sich, zunächst die Atmosphäre und die bestehenden Gepflogenheiten innerhalb der

Verwaltung kennenzulernen, bevor Sie eine Entscheidung treffen. Unabhängig von der gewählten Anredeform ist es wichtig, respektvoll und wertschätzend mit Ihren Mitarbeitern zu kommunizieren. Ihre Haltung und Ihr Kommunikationsstil prägen maßgeblich das Arbeitsklima und tragen zu einer positiven Zusammenarbeit bei.

Berücksichtigung der Verwaltungsgröße

Die Abläufe am ersten Arbeitstag können je nach Größe der Kommune und ihrer Verwaltung variieren. Auch bei ähnlicher Einwohnerzahl können die Strukturen von Verwaltungen stark differieren. Eine pauschale Aussage ist daher schwierig, aber die folgende Differenzierung bietet eine Orientierung.

1. *Kleine Gemeinden* (bis ca. 5.000 Einwohner)
   In kleinen Gemeinden ist ein persönlicher Ansatz oft möglich. Sie haben hier die Chance, fast jeden Mitarbeiter persönlich zu treffen und einen umfassenden Eindruck von allen Bereichen der Verwaltung zu erhalten. Der Kontakt zwischen Mitarbeitern und Verwaltungsspitze ist häufig eng und familiär.
2. *Kleinstädte* (ca. 5.000 bis 20.000 Einwohner)
   In Kleinstädten sind die Verwaltungsstrukturen schon etwas komplexer. Während direkte Kontakte zu vielen Mitarbeitern noch realisierbar sind, beginnt hier die Notwendigkeit, die Kommunikation stärker zu strukturieren, etwa durch gezielte Treffen mit Schlüsselpersonen. Diese könnten beispielsweise Fachbereichsleitung, Büroleitung oder der »Kämmerer« als Haushaltsverantwortlicher sein.
3. *Mittelstädte* (ca. 20.000 bis 100.000 Einwohner)
   In Mittelstädten ist die Verwaltung bereits deutlich komplexer. Hier sollten Sie sich auf Schlüsselbereiche und Führungskräfte konzentrieren. Ein direkter Kontakt mit einer größeren Anzahl von Mitarbeitern ist zwar herausfordernd, aber durch gezielte Maßnahmen durchaus realisierbar. Beispielsweise könnten Sie:

- Abteilungsbesuche planen, bei denen Sie sich kurz allen Mitarbeitern vorstellen
- Eine zentrale Mitarbeiterversammlung organisieren
- »Kaffeerunden« mit wechselnden Mitarbeitergruppen einführen
- Ein internes Vorstellungsvideo oder eine Grußbotschaft über das Intranet verbreiten

Diese Ansätze ermöglichen es Ihnen, trotz der größeren Verwaltungsstruktur eine persönliche Note in Ihre Kommunikation zu bringen und eine Verbindung zu einem breiteren Kreis von Mitarbeitern aufzubauen.

4. *Großstädte* (über 100.000 Einwohner)

In Großstädten stehen Sie vor der Herausforderung einer hochkomplexen Verwaltungsstruktur mit oft mehreren tausend Mitarbeitern. Ein persönlicher Kontakt zu allen ist hier praktisch unmöglich. Ihr Fokus sollte daher auf folgenden Punkten liegen:

- Intensive Einzelgespräche mit Top-Führungskräften (Dezernenten, Amtsleiter)
- Strukturierte Kennenlern-Runden mit mittleren Führungsebenen
- Großveranstaltungen für die breite Mitarbeiterschaft, zum Beispiel eine »Antrittsrede« vor allen Mitarbeitern
- Nutzung digitaler Kommunikationskanäle wie Intranet oder Videobotschaften

In Großstädten ist es besonders wichtig, eine klare Kommunikationsstrategie zu entwickeln, die Ihre Visionen und Ziele effektiv an alle Ebenen der Verwaltung vermittelt.

Passen Sie Ihren Ansatz aber auch an die spezifischen Bedingungen Ihrer Verwaltung an. Effektive und sinnvolle Kommunikation ist unabhängig von der Größe der Verwaltung der Schlüssel zum Erfolg. Beziehen Sie auch hier die Erfahrungswerte Ihrer Kollegen, beispielsweise der Büroleitung, mit in Ihre Entscheidung für eine angemessene Kommunikation ein.

Ablauf des ersten Tages

Der Ablauf des ersten Tages ist auch abhängig von der Verwaltungsgröße. In einer Mittelstadt mit rund 40.000 Einwohnern könnte dieser wie folgt gestaltet werden:

08:00 Uhr – Ankunft in der Verwaltung: Ihr erster Tag beginnt mit Ihrer Ankunft im Rathaus. Diese erste Begegnung mit dem Empfangspersonal und den Kollegen ist eine wertvolle Chance, den Grundstein für eine positive Arbeitsbeziehung zu legen. Zeigen Sie sich offen und dankbar, um eine Atmosphäre der Kollegialität und Offenheit zu schaffen. In Ihrem Büro kann das kurze Einrichten Ihres persönlichen Arbeitsplatzes Ihnen direkt zu Beginn ein Gefühl des Ankommens geben und Ihrer Vorbereitung dienen.

08:30 Uhr – Erstes Gespräch: Treffen Sie sich mit Ihrer Büroleitung, dem Stadtrat oder Ihrem persönlichen Referenten, um den Tag zu planen und Erwartungen abzustimmen. Nutzen Sie die Gelegenheit für Smalltalk, um eine vertrauensvolle Beziehung aufzubauen. Ein gemeinsamer Kaffee oder Tee lockert die Atmosphäre auf und sorgt für einen gelungenen Start.

09:30 Uhr – Planung der Mitarbeiter-Vorstellung: Die Vorstellung bei den Mitarbeitern signalisiert Offenheit und Zugänglichkeit. Eine rasche Vorstellung ist wichtig, um als neuer Chef präsent zu sein. Dafür bietet sich eine erste Begrüßungsmail an Ihre Belegschaft an. Neben einer freundlichen Begrüßung und kurzen Vorstellung Ihrer Person können Sie in einer solchen Mail auch ankündigen, dass Sie sich im Laufe der Woche nochmals ausführlicher vorstellen werden.

10:30 Uhr – Rundgang durchs Rathaus: Machen Sie einen Rundgang durch das Rathaus, um sich mit der Umgebung vertraut zu machen. Vermeiden Sie inhaltliche Diskussionen und konzentrieren Sie sich auf kurze Begrüßungen oder Smalltalk. Die Mitarbeiter sind neugierig auf ihren neuen Chef, daher ist ein freundliches Hallo wichtig. Nutzen Sie die Zeit auch, um sich einen Überblick über Besprechungsräume und andere wichtige Orte zu verschaffen. Der Rundgang ermöglicht Ihnen zudem, ein erstes Gefühl für die Stimmung in der Belegschaft zu erhalten. Nehmen Sie all diese ersten Eindrücke aufmerksam wahr und notieren Sie sich diese gegebenenfalls.

12:00 Uhr – Mittagspause: Die Mittagspause ist wichtig zur Erholung und Reflexion. Ein Spaziergang oder ein Telefonat mit der Familie kann helfen, sich zu entspannen. Ob Sie allein oder mit Kollegen essen, hängt von Ihrer persönlichen Präferenz ab. Eine Auszeit allein ist jedoch oft empfehlenswert, um die Ereignisse des Vormittags zu verarbeiten und sich mental auf den Nachmittag vorzubereiten. Schließlich stehen Sie heute an Ihrem ersten Tag als neue Verwaltungsleitung weiterhin im besonderen Fokus Ihrer Belegschaft.

13:00 Uhr – Technische Einrichtung: Die Einrichtung Ihrer technischen Ausrüstung ist entscheidend. Arbeiten Sie mit der IT-Abteilung zusammen, um Zugriff auf alle notwendigen Systeme zu erhalten. Machen Sie sich mit der verwendeten Hard- und Software vertraut und fragen Sie gegebenenfalls nach notwendigen Schulungen. Notieren Sie offene Fragen, um diese gezielt klären zu können.

14:00 Uhr – Leitungsrunde: Eine erste Leitungsrunde mit den direkt nachgeordneten Führungskräften ist ein wichtiger Termin an Ihrem ersten Arbeitstag. In der Regel wird dieser Termin bereits im Vorfeld von Ihrem Vorzimmer oder Ihrer Büroleitung abgestimmt und vorbereitet, sodass er bei Ihrem Amtsantritt im Kalender hinterlegt ist. Nutzen Sie diese Zeit gezielt für ein erstes Kennenlernen. Stellen Sie sich kurz vor und skizzieren Sie Ihre Vision für die Verwaltung. Geben Sie dann jedem Teilnehmer die Möglichkeit, sich und seinen Verantwortungsbereich knapp zu präsentieren. Achten Sie auch hier darauf, noch nicht in tiefe inhaltliche Diskussionen einzusteigen. Ihr Ziel sollte es sein, eine offene und positive Atmosphäre zu schaffen, die den Grundstein für die künftige Zusammenarbeit legt. Zum Abschluss geben Sie einen kurzen Ausblick auf die kommenden Wochen und kündigen an, dass Sie mit jedem Einzelnen ausführlichere Gespräche führen werden. Diese erste Begegnung ist ein wichtiges Signal für Ihre Wertschätzung des Führungsteams und Ihren kooperativen Führungsstil. Sie setzt den Ton für Ihre Amtszeit und ermöglicht es Ihnen auch umgekehrt, erste Eindrücke von Ihren engsten Mitarbeitern zu gewinnen.

15:30 Uhr – Pressegespräch: Ein Pressegespräch bietet Ihnen die Gelegenheit, sich öffentlich vorzustellen und Ihre Ziele zu kommunizieren. Beziehen Sie sich dabei auch auf Ihre Wahlkampfaussagen und Versprechen, um Vertrauen und Glaubwürdigkeit zu schaffen. Üblicherweise bereitet Ihr Vorzimmer oder Ihr persönlicher Referent auch ein solches Pressegespräch vor Ihrem Amtsantritt vor. Während des Gesprächs selbst steht Ihnen Ihr Pressesprecher als wichtiger Begleiter zur Seite.

16:30 Uhr – Bürozeit: Nutzen Sie die Zeit im Büro, um sich mit E-Mails und Verwaltungsprozessen vertraut zu machen. Die Strukturierung Ihrer Notizen, der Blick auf das Organigramm oder die Klärung von organisatorischen Fragestellungen für die nächsten Tage können Ihnen helfen. Ihre Büroleitung oder Ihr persönlicher Referent kann dabei unterstützen. Bei Fragen wenden Sie sich an die entsprechenden Führungskräfte.

17:00 Uhr – Tagesabschluss und Reflexion: Am Ende Ihres ersten Arbeitstages ist es sinnvoll, sich Zeit für eine kurze Reflexion zu nehmen. Überlegen Sie, was Sie heute erlebt und gelernt haben. Fragen Sie sich:

- Was lief heute gut?
- Welche Begegnungen waren besonders bedeutsam?
- Wie habe ich auf Herausforderungen reagiert?
- Was möchte ich morgen anders oder besser machen?

Durch diese Reflexion verarbeiten Sie die Ereignisse des Tages und halten wichtige Erkenntnisse fest. Indem Sie bereits am ersten Tag damit beginnen, legen Sie den Grundstein für eine positive Gewohnheit, die

Ihnen langfristig nützen wird. Regelmäßige Selbstreflexion fördert Ihre persönliche und berufliche Entwicklung und hilft Ihnen, als Führungskraft kontinuierlich zu wachsen.

18:00 Uhr – Feierabend: Nach einem ereignisreichen ersten Tag ist es wichtig, den Arbeitstag bewusst abzuschließen und in den privaten Modus zu wechseln. Verlassen Sie Ihr Büro pünktlich und nutzen Sie den Abend, um sich Ihren persönlichen Interessen oder Ihrer Familie zu widmen. Ob ein entspannter Spaziergang, ein gutes Buch oder Zeit mit Ihren Liebsten – solche Aktivitäten helfen Ihnen, abzuschalten und neue Energie zu tanken. Ein ausgewogener Ausgleich zwischen Beruf und Privatleben ist entscheidend für Ihre langfristige Zufriedenheit und Leistungsfähigkeit im Amt.

Organisatorische Hinweise

Ihr erster Arbeitstag wird zweifellos ein aufregender sein, geprägt von neuen Eindrücken und unvorhergesehenen Themen. Nutzen Sie daher gezielt jede Möglichkeit, Ruhe in Ihren ersten Tag als Bürgermeister zu bringen.

Starten Sie damit, sich eine strukturierte Aufgaben- bzw. Checkliste aufzubauen und pflegen Sie diese. Eine solche Liste erlaubt es Ihnen, sich einen Überblick über die offenen Punkte zu verschaffen und diese nacheinander gezielt abzuarbeiten. Sie sind damit nicht in der Not, alles »im Kopf zu haben« und sich um alles gleichzeitig zu kümmern.

Weiter möchte ich Ihnen empfehlen, frühzeitig alle Möglichkeiten für ein effektives Zeitmanagement zu nutzen. Sorgen Sie dafür, dass Termine möglichst frühzeitig in Ihren Kalender eingepflegt werden. Wenden Sie auch die Time-Blocking-Methode an, bei der Sie zeitliche Blocker für Anfahrten, Vor- oder Nachbereitungen oder Fokuszeiten für die Sichtung und Freigabe von Vorgängen einplanen. Bringen Sie mit einem gepflegten und aktuellen Kalender Struktur in Ihren dynamischen Alltag als Bürgermeister.

Nehmen Sie sich zudem Zeit, mit Ihrer Assistenz Ihre individuellen Vorstellungen und Wünsche bezüglich der Abläufe im Vorzimmer und der Planung Ihrer Termine zu besprechen. Bevorzugen Sie es beispielsweise, grundsätzlich immer eine gewisse Zeit zum eigenen Ankommen im Arbeitstag zu haben, statt direkt in wichtige Termine eingeplant zu werden? Oder möchten Sie Ihre morgendliche Energie gerne für intensive Besprechungen nutzen? Eine klare Kommunikation Ihrer persönlichen Wünsche und die Abstimmung mit Ihrem Vorzimmerteam ermöglicht es Ihnen, Ihren Arbeitsalltag effizient zu gestalten und Missverständnisse zu vermeiden. Legen Sie gemeinsam fest, wie Terminvereinbarungen gehandhabt werden sollen, welche Prioritäten gesetzt werden und wie Sie über wichtige Vorgänge informiert werden möchten.

Zusammenfassung

In diesem Kapitel habe ich Ihnen einen umfangreichen Eindruck und eine Empfehlung für Ihren ersten Tag und die Vorbereitung darauf gegeben. Sie sehen, der erste Tag als Bürgermeister wird für Sie in Ihrer neuen Rolle ein ganz besonderer Tag: Er markiert den offiziellen Beginn Ihrer Amtszeit und prägt maßgeblich die ersten Eindrücke, die Mitarbeitende, Bürger und Medienvertreter von Ihnen gewinnen werden. Er bietet Ihnen damit zugleich die einmalige Gelegenheit, mit Offenheit, Klarheit und Souveränität den Ton für Ihre zukünftige Zusammenarbeit zu setzen und sich als verlässliche Führungspersönlichkeit zu positionieren.

Neben einer positiven Einstellung und einer damit verbundenen Offenheit und Freundlichkeit möchte ich Ihnen empfehlen, möglichst klar und strukturiert in Ihren ersten Tag zu gehen. Eine sorgfältige mentale Vorbereitung hilft Ihnen dabei, innere Ruhe zu bewahren und auch auf unerwartete Situationen gelassen zu reagieren. Ebenso wichtig ist Ihre fachliche Vorbereitung, die Ihnen ermöglicht, sich kompetent und informiert in Gesprächen einzubringen und die aktuellen Themen Ihrer Kommune aktiv aufzugreifen.

Durch eine strukturierte Tagesplanung – angefangen beim freundlichen Ankommen im Rathaus über gezielte Begrüßungen und Kennenlernen Ihrer Kollegen bis hin zu ersten Pressegesprächen – gestalten Sie diesen Tag bewusst und souverän. Gleichzeitig schaffen Sie mit einem effektiven Zeitmanagement, einer gepflegten Aufgabenliste und einer klaren Kommunikation mit Ihrem Vorzimmerteam die Grundlage für einen organisierten Arbeitsalltag.

Indem Sie diese Empfehlungen beherzigen, legen Sie den Grundstein für einen erfolgreichen Start und eine produktive Amtszeit. Gehen Sie Ihren ersten Tag mit Zuversicht und Klarheit an – es ist der Beginn einer spannenden und bedeutungsvollen Reise.

4
Die erste Woche: Fundament legen

Ihr erster Tag als Bürgermeister war geprägt von neuen Begegnungen und ersten Eindrücken. Diese Erfahrungen sind der Ausgangspunkt für die kommende Zeit, in der Sie beginnen, Visionen in Realität umzuwandeln und die Weichen für zukünftige Erfolge zu stellen. Bildete der erste Tag den Grundstein, legen Sie in der ersten Woche das Fundament für Ihre Amtszeit.

Die erste Woche ist eine Zeit der Orientierung und des intensiven Lernens. Sie werden Ihre Verwaltung und Mitarbeiter nicht nur besser kennenlernen, sondern auch die vielfältigen Erwartungen, die an Sie gerichtet sind, erfassen und priorisieren müssen. Die Art und Weise, wie Sie diese ersten Tage gestalten, wird Ihren Mitarbeitern zeigen, wie Sie Führung verstehen und ausüben möchten. Es geht darum, nicht nur das Bestehende zu verwalten, sondern Ihre Gemeinde aktiv zu gestalten und als jemand aufzutreten, der mit Begeisterung und klaren Zielen voranschreitet.

In diesem Kapitel werden wir gemeinsam die Schritte durchgehen, die Sie unternehmen können, um die ersten Meilensteine Ihres langfristigen Plans festzulegen. Wir betrachten, wie Sie Ihr Team aufbauen, welche strategischen Entscheidungen anstehen und wie Sie eine Kultur der Offenheit und Effizienz fördern können.

Jeder Tag Ihrer ersten Woche bietet die Möglichkeit, Vertrauen zu schaffen und das Fundament für eine Verwaltung zu schaffen, die nicht nur reagiert, sondern proaktiv agiert. Mit jedem Tag werden Sie Ihre Rolle weiter festigen und eine solide Basis für Ihre zukünftigen Initiativen schaffen.

4.1 Beziehungsaufbau: Mitarbeiter der Verwaltung

Als Verwaltungsleitung sind Sie oberste Führungskraft von einer Vielzahl von Mitarbeitern. Es ist für Sie daher von elementarer Bedeutung, Ihre Mitarbeiter frühzeitig kennenzulernen und eine Beziehung aufzubauen. Investieren Sie in Ihren ersten Tagen gezielt in den Beziehungsaufbau. Damit schaffen Sie ein stabiles Fundament für eine erfolgreiche Amtszeit als Bürgermeister.

Büro des Bürgermeisters

Der erste Schritt im Beziehungsaufbau und der Teambildung ist es, Ihr direktes Team kennenzulernen. Neben dem persönlichen Kennenlernen geht es darum, die Rollen und Funktionen Ihrer direkten Teammitarbeiter zu verstehen. Ihr direktes Team besteht möglicherweise aus den nachfolgend beschriebenen Positionen:

- Das *Vorzimmer* ist oft die erste Anlaufstelle und fungiert als Schnittstelle zwischen dem Bürgermeister und der Außenwelt. Die Mitarbeiter im Vorzimmer koordinieren Termine, bearbeiten Anfragen und sorgen für einen reibungslosen Ablauf im Büro des Bürgermeisters. Sie sind häufig die ersten Ansprechpartner für Bürger, Verwaltungsmitarbeiter und externe Kontakte.
- Die *Büroleitung* übernimmt eine zentrale Rolle in der Organisation und Koordination des Bürgermeisterbüros. Sie ist verantwortlich für die Verwaltung des Büros, die Überwachung von Arbeitsabläufen und die Unterstützung des Bürgermeisters bei administrativen Aufgaben. Die Büroleitung fungiert oft als Bindeglied zwischen dem Bürgermeister und anderen Abteilungen der Verwaltung.
- Der *Pressesprecher* ist für die externe Kommunikation der Kommune verantwortlich. Er vertritt die Positionen des Bürgermeisters

und der Verwaltung gegenüber den Medien, verfasst Pressemitteilungen, organisiert Pressekonferenzen und pflegt die Beziehungen zu Journalisten. In einer Zeit, in der transparente und effektive Kommunikation immer wichtiger wird, spielt der Pressesprecher eine Schlüsselrolle bei der Gestaltung des öffentlichen Images der Stadt.

- Der *persönliche Referent* unterstützt den Bürgermeister direkt bei seinen täglichen Aufgaben. Er bereitet Termine und Sitzungen inhaltlich vor, begleitet den Bürgermeister zu wichtigen Veranstaltungen und unterstützt bei der Erstellung von Reden und Konzepten. Darüber hinaus ist er oft für die Kommunikation und Koordination mit kommunalen Spitzenverbänden zuständig und befasst sich mit grundsätzlichen Themen der Landespolitik.

Die Einbindung jedes einzelnen Teammitglieds und das Verständnis ihrer individuellen Stärken und Motivationen sind unerlässlich, um eine produktive Arbeitsumgebung zu schaffen. Planen Sie für das Kennenlernen und den Beziehungsaufbau individuelle Treffen, um ein tieferes Verständnis für die Fähigkeiten und Erwartungen Ihrer Teammitglieder zu entwickeln. Diese Einzelgespräche sind wichtig, um Vertrauen aufzubauen und die Grundlage für eine effektive Zusammenarbeit zu legen. Nutzen Sie auch informelle Momente wie Kaffeepausen oder gemeinsame Mittagspausen, um in einer entspannten Atmosphäre miteinander zu kommunizieren. Diese kleinen Begegnungen können hilfreich sein, um einen persönlichen Kontakt herzustellen und eine offene Kommunikationskultur zu etablieren. Dazu kann es auch hilfreich sein, persönliche Interessen, Leidenschaften oder Geschichten zu teilen, um Ihre Vertrauensbasis zu vertiefen.

Ein initiales Teammeeting, in dem sich jedes Mitglied vorstellt, kann ebenfalls dazu beitragen, das Gefühl der Zugehörigkeit und Gemeinschaft zu stärken. Ein solches Treffen ermöglicht es allen, sich einzubringen und ein gemeinsames Verständnis für die bevorstehenden

Herausforderungen und Ziele zu entwickeln. Zudem erhalten Sie einen Eindruck der gemeinsamen Dynamik zwischen Ihren Kollegen.

Führungskräfte

Neben Ihrem direkten »Büro-des-Bürgermeisters«-Team werden Sie zukünftig sehr eng mit Ihren Führungskräften zusammenarbeiten. Zu den direkten Führungskräften zählen in der Regel insbesondere die entsprechenden Fachbereichsleitungen. In größeren Verwaltungseinheiten werden Sie statt mit den Fachbereichsleitungen eher mit Dezernatsleitungen zusammenarbeiten. Im Folgenden werden wir uns auf das Beispiel einer Mittelstadt mit Fachbereichsleitungen konzentrieren.

Planen Sie frühzeitig in den ersten Tagen individuelle Treffen mit jeder Fachbereichsleitung ein. Diese Gespräche bieten Ihnen die Gelegenheit, einander persönlich näher kennenzulernen und eine vertrauensvolle Arbeitsbeziehung aufzubauen. Nutzen Sie diese ersten Treffen, um mehr über die Personen hinter den Positionen zu erfahren – ihre Motivationen, Erwartungen und wie sie ihre Rolle in der Verwaltung sehen. Gleichzeitig können Sie bereits einen ersten Einblick in die jeweiligen Zuständigkeitsbereiche erhalten. Für eine vertrauensvolle Zusammenarbeit ist es entscheidend, dass Ihre Führungskräfte spüren, dass Sie sowohl an ihnen als Menschen als auch an ihrer Arbeit aufrichtig interessiert sind. Indem Sie echtes Interesse an ihren Persönlichkeiten, Beweggründen und Perspektiven zeigen, schaffen Sie ein Fundament für gegenseitigen Respekt und Loyalität. Ihre Führungskräfte werden sich eher öffnen, Verantwortung übernehmen und sich aktiv für Ihre gemeinsamen Ziele einsetzen, wenn sie merken, dass Sie sie nicht nur als Funktionsträger, sondern als individuelle Persönlichkeiten wertschätzen.

In größeren Kommunen kann es eine Vielzahl von Fachbereichen geben, sodass das Kennenlernen aller Fachbereichsleitungen sich über mehrere Wochen erstrecken kann. Es ist daher sinnvoll, die Reihenfolge der Treffen strategisch zu planen. Beginnen Sie mit den Fachbereichen, die für die aktuellen Prioritäten Ihrer Kommune besonders relevant sind.

Versuchen Sie, Verständnis für die spezifischen Aufgabenbereiche sowie die damit verbundenen Bedürfnisse und Erwartungen jedes Fachbereichs zu entwickeln. Welche Ressourcen und Unterstützungen benötigen sie, um ihre Ziele zu erreichen? Wie können Sie als Bürgermeister dazu beitragen, diese Bedürfnisse zu erfüllen? Dies könnte die Einwerbung zusätzlicher Finanzmittel, die Verbesserung der internen Kommunikation oder die Unterstützung bei der Umsetzung von Projekten umfassen.

Möglicherweise werden Sie in den Gesprächen feststellen, dass die Fachbereichsleitungen nicht auf alle Ihre Fragen sofort eine Antwort haben. Gewähren Sie Ihren Führungskräften ausreichend Zeit, um tiefgehende Fragen gegebenenfalls im Nachgang mit Unterstützung ihres Teams zu klären. Ihr Ziel sollte eine verlässliche und gut durchdachte Antwort Ihrer zuständigen Fachbereichsleitung sein.

Bitte beachten Sie, dass diese ersten Gespräche vor allem dem Beziehungsaufbau dienen. Die vertiefende inhaltliche Einarbeitung und detaillierte fachliche Gespräche sollten Sie in den folgenden Wochen im Rahmen der »inhaltlichen Einarbeitung« führen. Dennoch ist es zielführend, mit Ihren Führungskräften schon jetzt zumindest über aktuelle Projekte und Herausforderungen zu sprechen. Lassen Sie sich von ihnen zu den Themen ihrer Fachbereiche informieren.

Eine vertiefte Abstimmung und Ausarbeitung im Rahmen von Workshops kann eine geeignete Möglichkeit sein, um zu einem späteren Zeitpunkt fokussiert in den intensiven Austausch zu kommen. Solche Workshops sollten Sie bei Bedarf möglichst frühzeitig terminieren. In jedem Fall sollten Sie regelmäßige Einzelbesprechungen mit Ihren Fachbereichsleitungen mindestens einmal wöchentlich jeweils für rund eine Stunde einplanen.

Zusätzlich ist die Planung von regelmäßigen gemeinsamen Besprechungsrunden mit allen Fachbereichsleitungen und Ihnen empfehlenswert, um gemeinsam über vernetzte und übergreifende Themen zu sprechen. Als Beispiel stellen Sie sich bitte die Errichtung einer Kindertagesstätte vor: Der Fachbereich »Bauen und Umwelt« ist für die Koordination aller baulichen Themen verantwortlich. Der Fachbereich »Innerer Service« plant die notwendigen finanziellen Mittel ein und forciert die Einstellung von sozialpädagogischen Kräften durch die Personalabteilung. Der Fachbereich »Bürgerservice« betreibt die Kindertagesstätte für die Nutzenden und entscheidet über die Anträge der Eltern auf einen Betreuungsplatz. Wie Sie sehen, sind die verschiedenen Fachbereiche stark voneinander abhängig. Gemeinsame Besprechungen sind daher sehr empfehlenswert. Planen Sie für diese Treffen in größerer Runde, je nach Anzahl der Fachbereiche Ihrer Verwaltung, etwa anderthalb Stunden ein und führen Sie diese Treffen im wöchentlichen oder zweiwöchentlichen Rhythmus durch. Eine vorbereitete Tagesordnung und Protokollierung durch einen Mitarbeiter ist dabei sehr empfehlenswert, um die Besprechungen zielgerichtet und effizient zu führen.

Aber zurück zu den ersten Gesprächen mit Ihren Führungskräften: Hier gilt es vor allem, ein Vertrauensverhältnis aufzubauen. Entwickeln Sie ein Teamgefühl und vermitteln Sie Ihren Fachbereichsleitungen, dass ihre Meinungen und Erfahrungen geschätzt werden. Dies fördert eine offene und produktive Arbeitsatmosphäre und schafft eine gute Basis für eine erfolgreiche Zusammenarbeit.

Belegschaft

Zum Beziehungsaufbau gehört auch das Kennenlernen der weiteren Mitarbeiter des Rathauses. Es wird Ihnen voraussichtlich jedoch nicht möglich sein, jeden Einzelnen persönlich auf einer tieferen Ebene kennenzulernen, so wie es Ihnen sicher mit der Zeit bei Ihren direkten Führungskräften und dem Büro des Bürgermeisters gelingen wird. Dennoch sollten Sie auch für die weiteren Mitarbeiter des Rathauses verfügbar sein. Dies wird die Identifikation der Belegschaft mit Ihnen als Verwaltungsleitung und dem Handeln der Verwaltung stärken.

Nehmen Sie sich die Zeit, die Mitarbeiter in den verschiedenen Abteilungen mit der Zeit persönlich zu treffen. Dies kann in Form von informellen Besuchen in den verschiedenen Büros, beispielsweise anlässlich von Geburtstagen oder anderen Feierlichkeiten oder durch die Teilnahme an Abteilungsbesprechungen oder vereinbarten Besuchen geschehen. Gehen Sie hierzu auf die jeweilige Führungskraft der Abteilung zu und stimmen Sie sich frühzeitig bezüglich eines »Abteilungsbesuchs« ab. Nach einem kurzen Gespräch mit der Abteilungsleitung können Sie die Möglichkeit nutzen, durch die Büros der Abteilung zu laufen und in einen kurzen Dialog mit den Mitarbeitern zu treten. Signalisieren Sie in den Gesprächen Ihre Wertschätzung und Ihr Interesse an den Meinungen und Erfahrungen Ihrer Mitarbeiter.

Natürlich ist es utopisch, direkt in der ersten Woche alle Mitarbeiter in direkten Gesprächen zu erreichen und kennenzulernen. Setzen Sie es sich jedoch als mittelfristiges Ziel für Ihre Anfangszeit, um in den nächsten Wochen gezielt darauf hinarbeiten zu können. Je höher Sie sich Ihr Ziel stecken, desto mehr werden Sie erreichen.

Um in den ersten Wochen möglichst viele Personen zu erreichen und sichtbar zu sein, beginnen Sie frühzeitig mit der Planung einer Mitarbeiterversammlung. So können Sie sich in einer Veranstaltung allen Ihren neuen Kollegen vorstellen. Neben motivierenden Worten an die Belegschaft können Sie auch erste Visionen mit Ihren Mitarbeitern teilen. Machen Sie sich aber bewusst, dass es in dieser frühen Phase Ihrer Amtszeit noch nicht erforderlich und realistisch ist, konkrete Maßnahmen für einzelne Bereiche zu benennen. Im Gegenteil – das könnte übergriffig und illusorisch wirken. Stattdessen können Sie einen Überblick über Ihre Planung der nächsten Wochen und Monate geben. Eine offene und transparente Haltung wird von Ihrer Belegschaft sicher positiv aufgenommen. Nutzen Sie für die Vorbereitung Ihrer Inhalte gerne die Erfahrungswerte und Inspiration aus diesem Buch. Eine Mitarbeiterversammlung können Sie vor Ort im Rathaus oder in geeigneten Außenstellen bzw. externen Räumlichkeiten durchführen. Beispielsweise kommen die Räumlichkeiten infrage, die sonst von der Kommunalpolitik für Sitzungen genutzt werden. Ihr Büro des Bürgermeisters wird Ihnen bei der Vorbereitung gewiss helfen und Sie beraten können.

Da eine Durchführung vor Ort in der Regel einen gewissen Vorbereitungsaufwand mit sich bringt und entsprechend Vorlaufzeit braucht, können Sie auch andere Formate in Erwägung ziehen. Eine digitale Videobotschaft könnten Sie beispielsweise kurzfristig, ohne längere Vorbereitungs- und Vorlaufzeit, an Ihre Mitarbeiter senden. Vorausgesetzt, die Mitarbeitenden verfügen über eine entsprechende technische Ausstattung an ihrem jeweiligen Arbeitsplatz. Neben der im Rathaus zur Verfügung stehenden Hard- und Software sollten Sie diese Entscheidung auch auf Basis Ihrer eigenen Einstellung zu digitalen Medien treffen. Wenn Sie ein großer Freund von digitalen Medien und der Digitalisierung sind oder es werden wollen, wird ein digitales Format authentisch zu Ihren Einstellungen passen und ein starkes Signal für eine digitale Verwaltung darstellen. Sind Sie jedoch zögerlich und eher abgeneigt beim Einsatz digitaler Medien, dann entscheiden sich lieber für eine klassische Mitarbeiterversammlung vor Ort. Unabhängig davon, wie Sie sich entscheiden: Seien Sie authentisch!

Um Ihre Mitarbeiter intensiver kennenzulernen und eine Möglichkeit zu schaffen, Anliegen direkt bei Ihnen vorzubringen, können Sie überlegen, regelmäßige »offene Sprechstunden« anzubieten und dies beispielsweise im Rahmen der Mitarbeiterversammlung ankündigen. Dies zeigt, dass Sie für die Belange Ihrer Mitarbeiter offen sind und diese ernst nehmen. Die Bandbreite der Themen, die in solchen Sitzungen angesprochen werden können, ist groß: Mitarbeiter könnten Fragen oder Probleme bezüglich ihrer täglichen Arbeit besprechen, Vorschläge zur Verbesserung von Arbeitsabläufen einbringen oder allgemeine Anliegen zur Entwicklung der Kommune vorbringen.

Wichtig ist jedoch, sich bewusst zu sein, dass eine offene Sprechstunde Herausforderungen mit sich bringen kann. Wenn Sie direkte Gespräche mit Ihnen als Bürgermeister anbieten, besteht die Gefahr, dass Mitarbeitende ihre direkten Führungskräfte umgehen. Das kann deren Autorität untergraben und zu Spannungen innerhalb der Verwaltung führen. Um diesem Risiko entgegenzuwirken, sollten Sie folgende Schritte in Betracht ziehen:

- *Klare Kommunikation der Erwartungen:* Stellen Sie zu Beginn klar, dass die offenen Sprechstunden nicht dazu dienen, die bestehenden Kommunikationswege zu umgehen. Mitarbeiter sollten ermutigt werden, den »Dienstweg« einzuhalten und zunächst mit ihren direkten Vorgesetzten zu sprechen, bevor sie sich an Sie wenden. Der Dienstweg meint hierbei die hierarchisch festgelegten Kommunikations- und Entscheidungswege innerhalb der Verwaltung. Er stellt sicher, dass Anfragen und Anliegen strukturiert bearbeitet und Entscheidungen auf der jeweils zuständigen Ebene getroffen werden. Indem Sie diesen Grundsatz konsequent kommunizieren, vermeiden Sie Missverständnisse und stärken die Autorität der Führungskräfte.
- *Zusammenarbeit mit Führungskräften:* Informieren Sie Ihre Führungskräfte über die Einrichtung der Sprechstunden und besprechen Sie gemeinsam, wie mit Anliegen umgegangen wird, die ihre Bereiche betreffen. Dies fördert Transparenz und verhindert Missverständnisse.
- *Themen eingrenzen:* Legen Sie fest, dass die Sprechstunden für Anliegen gedacht sind, die über den direkten Verantwortungsbereich der Mitarbeiter hinausgehen oder von allgemeiner Bedeutung für die Verwaltung sind.
- *Feedback zurück in die Organisation tragen:* Wenn in den Sprechstunden Themen aufkommen, die spezifische Abteilungen oder

Führungskräfte betreffen, sollten Sie diese Informationen respektvoll und konstruktiv an die entsprechenden Stellen weiterleiten.

Es ist entscheidend, dass diese Gespräche in einer Atmosphäre der Offenheit und des Respekts stattfinden. Mitarbeiter sollten sich sicher fühlen, ihre Anliegen zu äußern, ohne die etablierten Strukturen zu unterlaufen. Als Bürgermeister ist es Ihre Aufgabe, ein Umfeld zu schaffen, in dem direkte Kommunikation und die Achtung der Führungsstrukturen Hand in Hand gehen. Durch dieses ausgewogene Vorgehen fördern Sie das Vertrauen innerhalb der gesamten Verwaltung und motivieren Ihre Mitarbeiter, sich aktiv und konstruktiv einzubringen.

Personalrat

Als Verwaltungsleitung sind Sie die oberste Führungskraft und der Dienstherr für Ihre Belegschaft. Sie sind die Person, die Personalentscheidungen trifft bzw. letztlich verantwortet. In diesem Zusammenhang ist es sehr wichtig, dass Sie frühzeitig und proaktiv in die Kommunikation mit dem Personalrat einsteigen.

Der Personalrat vertritt die Interessen Ihrer Mitarbeiterschaft und besteht aus von der Belegschaft gewählten Mitgliedern sowie einem Vorsitzenden. In größeren Verwaltungseinheiten wird der Vorsitzende des Personalrats für seine Tätigkeiten freigestellt, sodass er sich rein auf diese Tätigkeit fokussieren kann.

Planen Sie in Ihrer ersten Woche mit dem Personalrat gezielt ein persönliches Kennenlernen. Damit schaffen Sie eine gute Basis für die zukünftige Zusammenarbeit. Es liegt in der Natur der Sache, dass Sie als Dienstherr und der Personalrat als Interessensvertreter der Belegschaft teilweise unterschiedliche Interessen und Positionen haben werden. Eine gute Kommunikationsbasis wird helfen, strittige Themen oder Sichtweisen offen und sachlich zu diskutieren. Eine vertrauensvolle Zusammenarbeit wird zu ihrem gemeinsamen Ziel beitragen: eine zufriedene Mitarbeiterschaft, die gute Verwaltungsleistungen erbringt.

4.2   Inhaltliche Einarbeitung: Verwaltung verstehen und steuern

Neben dem Beziehungsaufbau steht in Ihrer ersten Woche als neuer Bürgermeister die inhaltliche Einarbeitung im Vordergrund. Der Fokus liegt zunächst darauf, dass Sie Ihr Verständnis für das Verwaltungshandeln vertiefen, sich einen Überblick über die Top-Projekte Ihrer Kommune verschaffen und ein Gefühl für die Zuständigkeiten und Verantwortlichkeiten in Ihrer Verwaltung bekommen.

Verwaltungsstruktur verstehen

Beginnen Sie mit einer detaillierten Einführung in die Organisationsstruktur Ihrer Verwaltung, also damit, wie das allgemeine Raster, das wir schon kennengelernt haben (▶ Kap. 2), in Ihrer Kommune ausgestaltet ist. Dies umfasst ein Verständnis für die hierarchischen Ebenen, die verschiedenen Abteilungen und deren Aufgabenbereiche.

Es ist wichtig, die Funktionsweise der Verwaltung zu verstehen: Wie werden Entscheidungen getroffen? Wie fließen Informationen? Wer sind die Schlüsselpersonen in den verschiedenen Bereichen?

Um das herauszufinden, können Sie sich zunächst des Organigramms Ihrer Verwaltung bedienen. Dieses wird in der Regel von der internen Organisationsabteilung gepflegt und an zentraler Stelle für alle Verwaltungsmitarbeiter hinterlegt (Intranet, SharePoint o. ä.). Meistens können Sie das Organigramm auch auf der Internetseite Ihrer Verwaltung finden. Anhand des Organigramms haben Sie eine gute Basis, um die spezifischen Funktionen und Verantwortlichkeiten der einzelnen Bereiche kennenzulernen. Welche Aufgaben und Projekte werden in den verschiedenen Abteilungen bearbeitet? Wie tragen diese zur Gesamtstrategie der Kommune bei? Welche Abteilungen sind für Bereiche wie Finanzen, Stadtentwicklung, Bildung und soziale Dienste zuständig, die für Sie als Bürgermeister von besonderer Bedeutung sind?

Notieren Sie sich Ihre Erkenntnisse und nutzen Sie die Gespräche mit Ihren Kollegen, um Verständnisfragen zur Organisation Ihrer Verwaltung zu klären. Ein gutes Verständnis wird Ihnen in Ihrer Amtsausübung helfen, da Sie gezielt auf die zuständigen Bereiche zugehen und damit effektiv Themen delegieren können. Sie erhalten damit auch ein Verständnis, welche Bereiche einen Beitrag zu den strategischen Zielsetzungen leisten und wo Sie als Bürgermeister mit strategischen Visionen oder Vorgaben unterstützen können.

Verwaltungshandeln verstehen

Nachdem Sie sich einen Überblick über die Struktur Ihrer Verwaltung verschafft und den grundsätzlichen Aufbau verstanden haben, ist es an der Zeit, das Verwaltungshandeln zu verstehen.

Gehen Sie hierfür in vertiefende, inhaltliche Gespräche mit Ihren obersten Führungskräften, beispielsweise Ihren Fachbereichsleitungen oder Dezernenten. In diesen ausführlichen Treffen sollten Sie die spezifischen Aufgabenbereiche, laufenden Projekte und zukünftigen Herausforderungen der einzelnen Fachbereiche detailliert besprechen.

Bringen Sie aktiv Verständnisfragen ein, um sich ein möglichst genaues Bild des jeweiligen Aufgabenbereiches zu verschaffen. Auf diese Weise signalisieren Sie Ihren Führungskräften in der ersten Woche Ihrer Amtszeit außerdem, dass Sie Interesse an ihrer Arbeit haben. Achten Sie darauf, Ihre Fragen wertschätzend und neutral zu formulieren, damit nicht der Eindruck entsteht, Sie würden die Arbeit Ihrer Führungskräfte infrage stellen. Machen Sie sich bewusst, dass die entsprechenden Fachbereichsleitungen voraussichtlich schon länger als Sie in der Verwaltung tätig sind, und vertrauen Sie auf deren Erfahrung sowie Expertise.

Die vertiefenden inhaltlichen Gespräche sollten Sie in einem vertraulichen und engen Kreis durchführen. Nehmen Sie sich Zeit für diese Gespräche. Da die Themen oft komplex sind und ihr Verständnis zahlreiche Hintergrundinformationen erfordert, können sie mehrere

Stunden in Anspruch nehmen. Bei der Terminplanung sollten Sie dies bereits beachten: Setzen Sie die jeweiligen Termine auf maximal anderthalb Stunden an und planen Sie in Abhängigkeit der Themendichte der Fachbereiche gegebenenfalls mehrere Termine ein. Das ermöglicht eine fokussierte Diskussion und verhindert kognitive Ermüdung.

Um die Inhalte besser aufnehmen und verstehen zu können, setzen Sie nach Möglichkeit nicht nur auf den mündlichen Dialog zwischen Ihnen und Ihrer Führungskraft. Lassen Sie sich beispielsweise eine schriftliche Zusammenfassung der Themen aus den Fachbereichen erstellen. Außerdem wird das Aufnehmen von vielfältigen und komplexen Inhalten Ihnen deutlich leichter fallen, wenn Sie die Themen visualisieren können.

Bei Themen aus dem Fachbereich »Bauen und Umwelt« können Sie sich beispielsweise gemeinsam im Außendienst die aktuellen Bauvorhaben ansehen. Oder Sie nehmen Einblick in die Stadtplanungsvorhaben, indem Sie sich einen aktuellen Entwurf eines Bebauungsplans (B-Plan) ansehen. Bereits die Durchführung dieser vertiefenden Gespräche in dem jeweiligen Büro Ihrer Fachbereichsleitung kann Ihnen helfen, die unterschiedlichen Themen besser aufzunehmen und zu kategorisieren. Nutzen Sie diese Möglichkeit für sich! Auch Ihre Führungskräfte werden sich über einen interessierten Bürgermeister freuen.

Prioritätensetzung

In Ihrer Rolle als Bürgermeister werden Sie mit einer Vielzahl von Aufgaben und Herausforderungen konfrontiert. Eine klare Prioritätensetzung ist daher unerlässlich. Sie hilft Ihnen, den Fokus auf die wesentlichen Themen zu richten und Ressourcen effizient einzusetzen.

Berücksichtigen Sie sowohl kurzfristige als auch langfristige Ziele und überprüfen Sie diese regelmäßig. Eine strukturierte Herangehensweise an die Priorisierung ermöglicht es Ihnen, wichtige Entscheidungen zeitnah zu treffen und umzusetzen. Nutzen Sie hierfür bewährte Methoden wie die Eisenhower-Matrix, also eine Einordnung der Aufgaben in den Dimensionen »dringend« und »wichtig«, und nutzen Sie digitale Planungstools, um den Überblick zu behalten.[6] Ihre Büroleitung oder Ihr persönlicher Referent kann Sie hierbei sicherlich unterstützen.

Übergabe mit dem Vorgänger

Empfehlenswert für Ihren Start als neuer Bürgermeister ist die Durchführung einer Übergabe mit Ihrem Vorgänger. Dies ermöglicht Ihnen eine schnellere Einarbeitung in die Themen der Verwaltung.

Natürlich setzt dies die Bereitschaft Ihres Vorgängers voraus. Vereinbaren Sie nach Möglichkeit bereits in der ersten Woche Ihrer Amtszeit einen Termin und führen Sie eine Übergabe durch. Falls Sie die Möglichkeit haben, kann dieser Termin auch vor Ihrem ersten Arbeitstag im Amt vereinbart werden. Fragen Sie den bisherigen Bürgermeister, welche offenen Themen aus seiner Sicht weiter vorangetrieben werden sollten. Lassen Sie sich über Besonderheiten und Risiken aufklären. Nehmen Sie eine offene Haltung ein, sodass Sie von seiner Erfahrung und seinen Empfehlungen profitieren können. Eine vertrauensvolle und offene Kommunikationsebene ist hierfür eine entscheidende Voraussetzung, die sowohl bei Ihnen als auch bei Ihrem Vorgänger vorhanden sein muss.

Ich möchte Ihnen im Interesse Ihrer Verwaltung ausdrücklich empfehlen, den Austausch mit Ihrem Vorgänger zu forcieren, soweit es Ihnen möglich ist. Als Bürgermeister stehen Sie in der Verantwortung für die Kommune. Das sollte immer im Fokus Ihrer Arbeit als Bürgermeister stehen. Persönliche Differenzen, die insbesondere nach intensiven Wahlkämpfen und gegebenenfalls Podiums-Diskussionen entstanden

---

6   Brigitte J.C. Claessens, Wendelien van Eerde, Christel G. Rutte und Robert A. Roe (2007): A review of the time management literature, in: Personnel Review 36 (2), S. 255–276; Benjamin Harkin, Thomas L. Webb, Betty P. Chang, Andrew Prestwich, Mark Conner, Ian Kellar, Yael Benn und Paschal Sheeran (2016): Does monitoring goal progress promote goal attainment? A meta-analysis of the experimental evidence, in: Psychological Bulletin 142 (2), S. 198–229.

sein können, sollten Sie im Interesse Ihrer Wählerschaft ablegen. Sollten Schmerzpunkte den Austausch zwischen Ihnen und Ihrem Vorgänger behindern, hilft es, diese offen und proaktiv anzusprechen. Der bisherige Amtsinhaber und Sie teilen in jedem Falle eine gemeinsame Mission: den Dienst für Ihre Kommune! Dieses gemeinsame Ziel verbindet Sie und kann eine gute Basis darstellen, eine erfolgreiche Übergabe durchzuführen.

Sollte eine direkte Übergabe zwischen Ihnen bedauerlicherweise nicht möglich sein, versuchen Sie, eine indirekte Übergabe zu initiieren. Die Übergabe kann in diesem Falle beispielsweise zwischen Ihrer Büroleitung oder den jeweils zuständigen Fachbereichsleitungen und dem vorherigen Amtsinhaber erfolgen. Das ist zwar nicht die optimale Verfahrensweise, hat sich jedoch als geeignete Alternative bewiesen.

4.3   Organisatorisches: Grundlagen für einen strukturierten Start

Nachdem wir uns auf die Bereiche »Beziehungsaufbau« und »inhaltliche Einarbeitung« konzentriert haben, möchte ich Ihnen noch einige organisatorische Punkte mit auf Ihren Weg durch die erste Woche als Bürgermeister geben. Im Vergleich mit den anderen Aufgaben und Ratschlägen handelt es sich vermeintlich um Kleinigkeiten. Es sind jedoch Dinge, die elementar mit Ihrer täglichen Arbeit und Amtsausübung zusammenhängen und eine große Wirkung erzielen.

Anwesenheit und Abwesenheit

Die Sichtbarkeit und Zugänglichkeit von Ihnen als oberste Führungskraft ist, wie bereits im vorherigen Abschnitt erläutert, wichtig. Obwohl für Sie als Bürgermeister in der Regel Vertrauensarbeitszeit gilt und Sie entsprechend keine Aufzeichnung Ihrer Arbeitszeiten tätigen müssen, gehört die Planung und Abstimmung Ihrer Arbeitszeit sowie

Ihrer Anwesenheit im Büro zu einem sinnvollen Zeitmanagement. Das gilt insbesondere, da es aufgrund der vielfältigen Anforderungen an das Bürgermeisteramt eine Herausforderung ist, die persönlichen und dienstlichen Bedürfnisse in Einklang zu bringen.

Verschaffen Sie sich einen Überblick über die anstehenden Termine. Ganztätige Veranstaltungen mit Reisezeit, Termine an Wochenenden oder Feiertagen, abendliche Sitzungstermine – all diese Termine führen schnell zu einer Überschneidung zwischen Ihren persönlichen und dienstlichen Bedürfnissen. Es ist daher ratsam sicherzustellen, dass Ihr Vorzimmer Ihren Kalender akribisch pflegt. So können Überschneidungen frühzeitig erkannt und für einen entsprechenden Ausgleich gesorgt werden.

Durch abendliche Sitzungstermine mit der Kommunalpolitik werden Sie Ihren Arbeitstag häufig erst spät beenden. Oft folgen auf eine Sitzung noch informelle Gespräche mit politischen Akteuren oder Ihrer Verwaltung, sodass sich Ihre Anwesenheit bis weit in den Abend zieht. Die Sitzungstermine starten aufgrund der beruflichen Einbindung der ehrenamtlich tätigen Kommunalpolitiker in der Regel in den Abendstunden gegen 18 oder 19 Uhr. Intensive Sitzungen mit einem ausführlichen Redeanteil können schnell zu einem Sitzungsende um 22 Uhr oder später führen. Ein früher Start Ihres Arbeitstages, beispielsweise um 7 Uhr morgens, wird Ihnen daher voraussichtlich nicht möglich sein – insbesondere unter Berücksichtigung des Arbeitsschutzes und Ihrer langfristigen Gesundheit. Gleiches gilt für Ihre Mitarbeiter, die diese Sitzungen meistens als entsprechende Fachbereichsleitungen oder Protokollführer begleiten. Planen Sie diese mit Ihrer Position verbundenen Besonderheiten frühzeitig ein und verschaffen Sie Ihren Mitarbeitern dadurch Sicherheit.

Die Vielzahl Ihrer Termine führt dazu, dass Sie nur bedingt im Rathaus anwesend sein können. Gleichzeitig ist Ihre Anwesenheit im Rathaus wichtig für Ihre Mitarbeiter. Die Bedeutung von persönlichem Kontakt und Sichtbarkeit im Rathaus ist nicht zu unterschätzen. Neben der zwischenmenschlichen Verbundenheit und Zugänglichkeit ist Ihre Anwesenheit im Büro notwendig, um persönliche Gespräche zu führen und die oftmals trotz der fortschreitenden Digitalisierung weiter notwendigen Unterschriften zu leisten.

Zu einem guten Zeitmanagement gehört auch die Planung von Abwesenheiten. Neben den bereits erläuterten Punkten gilt dies insbesondere für Ihre Urlaubsplanung. Trotz der zentralen Position, die das Bürgermeisteramt mit sich bringt, sollten Sie unbedingt Wert darauf legen, sich Ruhezeiten zu gönnen und im Urlaub neue Kraft zu schöpfen. Nur so wird es Ihnen möglich sein, Ihr Amt als Bürgermeister langfristig auszuüben.

In der ersten Woche ist es wichtig, sich bewusst zu machen, dass die Planung von Abwesenheiten frühzeitig abgestimmt werden sollte. Berücksichtigen Sie dabei die besonderen Anforderungen Ihres Amtes und die wichtigen Termine, die möglicherweise langfristig geplant werden müssen. Weitere Details zur Urlaubsplanung und zur Abstimmung mit dem Sitzungskalender werden wir noch ausführlicher behandeln (► Kap. 5.4).

Leitungsteam

Zu einem stabilen Fundament einer Verwaltung gehört ein gutes Team von Führungskräften. Der oberste Führungsstab besteht in der Regel aus den Fachbereichsleitungen, der Büroleitung sowie Ihnen als Bürgermeister. Bei größeren Städten mit Dezernaten oberhalb der Fachbereiche kann er sich auch aus Ihnen und den Dezernenten zusammensetzen.

In dieser Runde haben Sie die Möglichkeit, gemeinsam die Steuerung der Verwaltung auszuüben und sich gegenseitig zu beraten. Zwar haben Sie als Bürgermeister letztlich die Steuerung der Verwaltung inne, gleichwohl benötigen Sie Ihre obersten Führungskräfte, um sie wirksam und effizient auszuüben. Durch die Etablierung eines Leitungsteams als obersten Führungsstab schaffen Sie eine zentrale Einheit, um eine wirksame und zielgerichtete Steuerung gemeinsam auszuüben. Setzen Sie hierfür regelmäßige Abstimmungstermine in der gemeinsamen Runde fest. Wie im Abschnitt »Führungskräfte« erläutert (▶ Kap. 4.1), sollten diese wöchentlichen oder zweiwöchentlichen Termine mit rund anderthalb Stunden eingeplant werden.

Um das größtmögliche Potenzial dieser Runde zu nutzen, sollten Sie auf eine sehr vertrauensvolle Zusammenarbeit achten. Sprechen Sie offen über Themen und beraten Sie sich gegenseitig. Nutzen Sie die Erfahrung Ihrer Führungskräfte bei der Einschätzung von Risiken und erarbeiten Sie gemeinsam Vorschläge zum weiteren Vorgehen.

Für den Vertrauensaufbau und die Etablierung von Teambewusstsein im neuen Leitungskreis kann es sinnvoll sein, gemeinsame Coaching- oder Strategietage durchzuführen. Es gibt diverse externe Dienstleister und Moderatoren, die verschiedene Angebote in diesem Kontext machen und Sie beim Aufbau eines starken Leitungsteams unterstützen können. Nehmen Sie sich gemeinsam mit Ihren Führungskräften möglichst früh Zeit dafür. Die Investition wird sich im gemeinsamen (Führungs-)Alltag voraussichtlich sehr schnell auszahlen.

Büroausstattung

Sorgen Sie dafür, dass Ihre Amtsausübung durch Ihre Büroausstattung bestmöglich unterstützt wird. Ob Bürotische, Videokonferenzsystem, Fernseher, Flipchart, Laptop, Tablet oder Mülleimer – alles in Ihrem Büro sollte Sie unterstützen, Ihren Aufgaben produktiv und effizient nachzugehen. Neben der Nützlichkeit kommt es auf Ihre persönlichen Affinitäten und Erfahrungen an, wie Sie Ihr Büro bestmöglich ausstatten. Lassen Sie sich von Ihrer IT darüber informieren, welche Optionen bestehen, auch mit Hinblick auf die Anforderungen an den Datenschutz.

Neben Ihrem persönlichen Schreibtisch sollten Sie einen größeren Besprechungstisch direkt in Ihrem Büro haben, um kurzfristig und unkompliziert ein Meeting beispielsweise mit Ihren Führungskräften abhalten zu können. Je nach Größe der Verwaltung und Mitarbeiteranzahl sollte dieser mindestens für sechs Personen inklusive Materialien geeignet sein.

Ein Fernseher verschafft Ihnen die Möglichkeit, Inhalte mit Ihren Besprechungsteilnehmern gemeinsam anzusehen und per Screensharing gemeinsam zu besprechen. Weiter kann ein integriertes Videokonferenzsystem für Sie sehr nützlich sein, um in Zeiten von mobilem Arbeiten bzw. Home-Office auch hybride Besprechungen durchführen zu können. Ihre dienstlichen Geräte wie Laptop, Handy oder Tablet sollten hierfür eingerichtet sein und gehören zu Ihrer persönlichen Ausstattung.

Gleichwohl eine gute Ausstattung selbstverständlich sein sollte, wird sie in vielen Verwaltungen leider nicht in ausreichender Form vorgehalten. Nehmen Sie dieses Thema daher zu Beginn Ihrer Amtszeit auf und sorgen Sie dafür, dass Sie eine Ausstattung erhalten, die Sie bestmöglich in Ihrer Amtsausübung als Bürgermeister unterstützt. An dieser Stelle sei erwähnt, dass dies natürlich nicht nur für Sie als Bürgermeister gelten sollte, sondern ebenso für Ihre Mitarbeiter in der Verwaltung.

Ihre zuständigen Kollegen aus der IT-Abteilung oder der Beschaffung können Sie sicher zu der geeigneten Ausstattung beraten und die Installation vornehmen. Bei der Beschaffung sind gesetzliche Regelungen zu beachten, welche später im Kapitel zu den Rahmenbedingungen erläutert werden (▶ Kap. 5.3).

Direkte Fortschritte erzielen

In den ersten Tagen Ihrer Amtszeit werden Sie mit einer Vielzahl an Themen, Terminen und Eindrücken konfrontiert. Während Sie sich noch in die neue Rolle einfinden, kann es herausfordernd sein, erste konkrete Ergebnisse zu erzielen. Dennoch lohnt es sich, bereits zu Beginn kleine, aber wirkungsvolle Maßnahmen umzusetzen. Sogenannte »Quick-Wins« sind gezielt identifizierte Verbesserungen, die mit geringem Aufwand eine spürbare Wirkung entfalten können.

Seien Sie aufmerksam, wenn Veränderungen einfach und in kurzer Zeit realisierbar sind und gegebenenfalls auch kurzfristig rückgängig gemacht werden können. Selbstverständlich können Sie auch Ihr Umfeld in die Identifizierung von Quick-Wins einbeziehen. Fragen Sie proaktiv nach nervigen Hindernissen in der täglichen Arbeit Ihrer Führungskräfte. Machen Sie deutlich, dass es auch kleine Themen sein können, in denen es vielleicht nur »endlich mal« eine Entscheidung benötigt. Hören Sie Ihrem Gegenüber aufmerksam zu und verdeutlichen Sie Ihre Dankbarkeit für eine ehrliche Antwort auf Ihre Fragen.

Sie werden schnell merken, dass die Erzielung solcher Quick-Wins eine sehr motivierende Wirkung hat – sowohl für Sie selbst als auch für Ihre Kollegen. Ihre Belegschaft wird wahrnehmen, dass Sie am Fortschritt interessiert sind, und dabei auf Ihre Einschätzungen und Erfahrungen vertrauen. Das fördert nicht nur eine lösungsorientierte Zusammenarbeit, sondern schafft auch eine Arbeitskultur, in der Veränderungen aktiv vorangetrieben werden.

Zusammenfassung

In diesem Kapitel haben Sie einen Überblick über die erste Woche als Bürgermeister erhalten. Sie haben verstanden, welche Schritte wichtig sind, um ein stabiles Fundament für Ihre Amtszeit zu legen.

Die erste Woche wird für Sie eine spannende Zeit mit vielen neuen Eindrücken und Erfahrungen werden. Sie werden zunehmend verstehen, wie umfangreich und komplex das Bürgermeisteramt ist. Der Fokus auf die in diesem Kapitel beschriebenen Bereiche Beziehungsaufbau, inhaltliche Einarbeitung und Organisatorisches wird Ihnen helfen, mit einem gezielten Fokus Ihre ersten Tage zu gestalten und sich zu sortieren. Gerade die bewusste Priorisierung dieser Themenfelder ermöglicht es Ihnen, Sicherheit in Ihrem neuen Umfeld zu gewinnen, erste vertrauensvolle Beziehungen aufzubauen und sich eine solide Grundlage für strategisches Handeln zu erarbeiten.

Indem Sie Beziehungsaufbau, Fachlichkeit und organisatorische Strukturen gleichermaßen im Blick behalten, verschaffen Sie sich von Beginn an Orientierung und Stabilität. Sie zeigen, dass Sie bereit sind, Verantwortung zu übernehmen, klare Prioritäten zu setzen und Ihre neue Rolle aktiv und vorausschauend auszufüllen.

Sehen Sie Ihre erste Woche daher als bewussten Auftakt zu einer Amtszeit, in der Sie von Anfang an Klarheit, Verlässlichkeit und Gestaltungswillen ausstrahlen.

5
Der erste Monat: Strategien entwickeln und umsetzen

Nachdem Sie in der ersten Woche den Fokus darauf gelegt haben, ein stabiles Fundament zu schaffen, ist es nun an der Zeit, darauf aufzubauen. Die in dieser Zeit geknüpften Beziehungen und erworbenen inhaltlichen Grundlagen sollten Sie im ersten Monat vertiefen.

In diesem Kapitel erfahren Sie, wie Sie Ihre Beziehungen ausbauen und welche zusätzlichen Beziehungsebenen Sie gezielt pflegen können. Im Abschnitt »Führung« erhalten Sie konkrete Vorschläge, wie Sie durch geschicktes Handeln eine effiziente Arbeitskultur etablieren. Ihre inhaltliche Einarbeitung sollten Sie ebenfalls vertiefen und auf neue Bereiche ausweiten. Wir werden gemeinsam betrachten, wie Sie wichtige Grundlagen für eine Strategieentwicklung schaffen und wie Sie diese Strategie in den kommenden Wochen Ihrer Amtszeit umsetzen können.

5.1 Beziehungsaufbau: Weitere Stakeholder

Neben dem Beziehungsaufbau zu den Personen innerhalb Ihrer Verwaltung ist es elementar, in den ersten Wochen Beziehungen zu weiteren Stakeholdern aus der Kommunalpolitik und dem Verwaltungsumfeld aufzubauen. Hier möchte ich Ihnen einen Einblick in den weiteren Personenkreis bieten, zu dem Sie eine gute Beziehung aufbauen und fortan pflegen sollten.

Kommunalpolitik

Bereits zu Beginn dieses Buches haben wir uns die Struktur der Kommunalverwaltungen angeschaut (▶ Kap. 2). Sie haben dabei einen Überblick über die Aufgaben der Politik erhalten und gesehen, wie stark Sie von den kommunalpolitischen Entscheidungsträgern abhängig sind.

Eine gute Beziehung zu den Entscheidungsträgern ist für Ihre Arbeit essenziell und sollte daher intensiv gepflegt werden. Einige dieser Personen haben Sie möglicherweise bereits während des Wahlkampfes kennengelernt. Nun ist es an der Zeit, diese Kontakte zu vertiefen und die Entscheidungsträger in Ihrer Funktion als Bürgermeister näher kennenzulernen.

Starten Sie damit, sich zu Beginn Ihrer Amtszeit nochmals der Politik vorzustellen. So können Sie sicherstellen, dass Sie allen Personen aus der Politik persönlich bekannt sind. Vermutlich wird dies bereits bei den Vorsitzenden der Fraktionen oder Ausschüsse der Fall sein, jedoch eventuell noch nicht bei jedem Ausschussmitglied. Für die Vorstellungen bieten sich daher die jeweiligen Sitzungen der Stadtvertretung bzw. Ausschüsse an. In diesen öffentlichen Sitzungen haben Sie die Möglichkeit, sich sowohl den politischen Sitzungsteilnehmern als auch den Teilnehmern aus der Öffentlichkeit vorzustellen. In einem kurzen Wortbeitrag in den Sitzungen können Sie neben Ihrer Vorstellung auch Ihre Wertschätzung für die Ausschussarbeit und das Engagement der Ausschussmitglieder zum Ausdruck bringen. Auch die Öffentlichkeit nimmt diese positiven und wertschätzenden Signale wahr, was das Bild einer konstruktiven Zusammenarbeit zwischen Verwaltung und Politik stärkt.

Neben der Vorstellung in den Sitzungen möchte ich Ihnen ausdrücklich eine separate Vorstellung in einem engeren und vertraulicheren Kreis mit den Fraktionsvorsitzenden empfehlen. Mit diesem ausgewählten Kreis sollten Sie ein sehr enges und vertrauensvolles Verhältnis anstreben. Es ermöglicht Ihnen bzw. der Verwaltung, politische Entscheidungsprozesse verwaltungsseitig gut vorzubereiten und die kommunalpolitischen Parteien/Fraktionen frühzeitig und gegebenenfalls vor öffentlichen Sitzungen abzuholen. Durch die zwischen Bürgermeister und Fraktionsvorsitzenden geschaffene Beziehungsebene entsteht eine wichtige Kommunikationsbasis, die für beide Seiten erhebliches Potenzial bietet.

Laden Sie daher die Fraktionsvorsitzenden zu einem informellen Kennenlernen ein und schaffen Sie einen vertrauensvollen Rahmen für künftige Dialoge. Thematisieren Sie Ihren Wunsch nach einer engen und konstruktiven Zusammenarbeit, die von einem offenen Austausch geprägt ist. Es ist manchmal besser, grundlegende Fragen, erste Ideen oder Anregungen initial in einem kleinen Kreis zu teilen, als sie direkt in öffentlichen Sitzungen zu besprechen. Die informelle Runde sollten Sie daher, am besten in Abhängigkeit von den im Sitzungskalender festgelegten Terminen, regelmäßig organisieren.

An dieser Stelle möchte ich ausdrücklich darauf hinweisen, dass die Etablierung dieser vertraulichen Gesprächsrunde zwischen Fraktionsvorsitzenden und Bürgermeister ausschließlich der effizienten und konstruktiven Zusammenarbeit für die Kommune dienen soll. Sie ist nicht dazu gedacht, politische Entscheidungsprozesse in intransparente Bahnen zu lenken, Absprachen außerhalb demokratischer Gremien zu treffen oder Beschlüsse im Vorfeld auf informellen Wegen festzulegen. Die kommunalen Gremien bleiben das zentrale Forum der politischen Willensbildung und die offene Debatte in Sitzungen ist unerlässlich für eine funktionierende Demokratie.

Wichtiger Themen oder Entscheidungen zunächst in einem mündlichen Dialog statt direkt auf schriftlichem Wege per Beschlussvorlage zu kommunizieren, ist jedoch oft wirkungsvoller und kann etwaigen Missverständnissen vorbeugen. Nutzen Sie diese Kommunikationsebene verantwortungsbewusst und investieren Sie frühzeitig in den Beziehungsaufbau zur Kommunalpolitik.

Rechnungsprüfungsamt

Das Rechnungsprüfungsamt Ihrer Verwaltung ist eine spezialisierte Einrichtung, deren Hauptaufgabe darin besteht, die finanzielle Integrität und Transparenz der Kommune sicherzustellen. Es fungiert als unabhängige Prüfungsinstanz, die die finanziellen Aktivitäten der Kommunalverwaltung überwacht, um die Einhaltung gesetzlicher Vorschriften und haushaltsrechtlicher Bestimmungen zu gewährleisten.

Das Rechnungsprüfungsamt prüft die Jahresabschlüsse der Kommune und überwacht die Haushaltsführung. Es kontrolliert Finanzberichte, Buchführungen und Ausgabenabrechnungen, um sicherzustellen, dass alle finanziellen Transaktionen ordnungsgemäß dokumentiert und korrekt abgewickelt werden. Zu seinen Kernaufgaben gehören:

- *Sicherstellung der Ordnungsmäßigkeit:* Entspricht die Buchführung den gesetzlichen Anforderungen und sind alle finanziellen Vorgänge korrekt erfasst?
- *Wirtschaftlichkeitsprüfungen:* Werden die Mittel der Kommune effizient und sparsam eingesetzt?
- *Prüfung von Vergabeverfahren:* Wurden bei der Vergabe öffentlicher Aufträge alle geltenden Vorschriften eingehalten?
- *Beratung:* Welche Empfehlungen zur Verbesserung von Prozessen und Abläufen ergeben sich aus den Prüfungen?

Um seine Aufgaben effektiv erfüllen zu können, ist das Rechnungsprüfungsamt unabhängig und nicht an Weisungen gebunden – auch nicht von Ihnen als Bürgermeister. Es ist in der Regel direkt der Kommunalvertretung, also dem Gemeinderat oder der Stadtverordnetenversammlung, unterstellt. Die Leitung des Rechnungsprüfungsamtes wird häufig von der Kommunalvertretung bestellt. Diese Unabhängigkeit gewährleistet eine objektive und neutrale Prüfung der Finanzen und stärkt das Vertrauen der Bürgerinnen und Bürger in die Verwaltung. Aber auch Sie können sich darauf verlassen, dass das Rechnungsprüfungsamt als neutraler Partner dazu beiträgt, finanzielle Risiken frühzeitig zu erkennen und zu minimieren.

Die genaue Ausgestaltung des Rechnungsprüfungsamtes kann je nach Bundesland variieren. In einigen Bundesländern gibt es beispielsweise gemeinsame Rechnungsprüfungsämter für mehrere Kommunen oder die Prüfungsaufgaben werden von übergeordneten Behörden wahrgenommen. Unabhängig von der Organisationsform bleibt die zentrale Rolle der finanziellen Kontrolle und Beratung bestehen.

Eine gute und vertrauensvolle Beziehung zum Rechnungsprüfungsamt ist für Sie als Bürgermeister von großem Vorteil:

- *Unterstützung bei der Haushaltsführung:* Durch eine enge Zusammenarbeit können Sie von den Erkenntnissen und Empfehlungen des Rechnungsprüfungsamtes profitieren, um den Haushalt Ihrer Kommune effizient und rechtssicher zu gestalten.
- *Frühzeitige Problemerkennung:* Regelmäßiger Austausch ermöglicht es Ihnen, finanzielle Risiken oder Unregelmäßigkeiten frühzeitig zu erkennen und Gegenmaßnahmen einzuleiten.
- *Verbesserung von Prozessen:* Die unabhängige Sicht des Rechnungsprüfungsamtes kann Ihnen helfen, interne Abläufe zu optimieren und die Verwaltung insgesamt effektiver zu gestalten.
- *Stärkung des Vertrauens:* Offene Kommunikation und Kooperation mit dem Rechnungsprüfungsamt signalisiert Transparenz und Verantwortungsbewusstsein gegenüber der Kommunalvertretung und den Bürgern.

Um eine konstruktive Zusammenarbeit mit dem Rechnungsprüfungsamt aufzubauen, empfehle ich Ihnen die folgenden Schritte:

I. *Persönliches Kennenlernen:* Vereinbaren Sie innerhalb des ersten Monats Ihrer Amtszeit ein persönliches Gespräch mit der Leitung des Rechnungsprüfungsamtes. Nutzen Sie dieses Treffen, um sich vorzustellen, Ihre Bereitschaft zur Zusammenarbeit zu signalisieren und mehr über die Arbeitsweise des Amtes zu erfahren.

2. *Regelmäßiger Austausch:* Etablieren Sie einen Rhythmus für regelmäßige Treffen, beispielsweise vierteljährlich. Diese Gespräche bieten die Gelegenheit, sich über aktuelle Prüfungsschwerpunkte, festgestellte Mängel oder Empfehlungen auszutauschen.

3. *Offene Kommunikation:* Pflegen Sie eine transparente Informationspolitik. Informieren Sie das Rechnungsprüfungsamt über wichtige finanzielle Entscheidungen oder geplante Projekte, die möglicherweise prüfungsrelevant sind.

4. *Respektieren der Unabhängigkeit:* Anerkennen Sie die unabhängige Position des Rechnungsprüfungsamtes. Vermeiden Sie es, Einfluss auf Prüfungsprozesse nehmen zu wollen, und zeigen Sie sich offen für Kritik und Verbesserungsvorschläge.

5. *Umsetzung von Empfehlungen:* Nehmen Sie die Hinweise und Empfehlungen des Rechnungsprüfungsamtes ernst und setzen Sie notwendige Maßnahmen zeitnah um. Das verbessert nicht nur die finanzielle Situation der Kommune, sondern stärkt auch das Vertrauen in Ihre Amtsführung.

6. *Gemeinsame Zielsetzung:* Arbeiten Sie gemeinsam daran, die finanzielle Stabilität der Kommune zu sichern. Durch abgestimmte Ziele und Maßnahmen können Sie die Effizienz der Verwaltung steigern und Ressourcen optimal einsetzen.

Das Rechnungsprüfungsamt ist ein wichtiger Partner für eine rechtssichere und effiziente Finanzverwaltung Ihrer Kommune. Durch frühzeitigen Beziehungsaufbau und offene Kommunikation profitieren Sie von seiner Expertise und handeln gemeinsam zum Wohl der Kommune. Die investierte Zeit wird sich in einer soliden Haushaltsführung und gesteigertem Vertrauen seitens der Kommunalvertretung sowie der Bürgerinnen und Bürger auszahlen.

Landrat

Der Landrat ist als Leiter der Kreisverwaltung eine zentrale Figur auf regionaler Ebene. Er koordiniert die Umsetzung von Kreistagsbeschlüssen, verwaltet die Finanzen des Landkreises und ist für die Organisation der Kreisbehörden zuständig. Zudem vertritt er den Landkreis nach außen und spielt eine wichtige Rolle bei der regionalen Entwicklung.

Eine konstruktive Beziehung zum Landrat ist für Sie als Bürgermeister von großem Nutzen. Durch eine enge Zusammenarbeit können Sie die Interessen Ihrer Kommune auf Kreisebene effektiv vertreten und gemeinsam regionale Projekte vorantreiben.

Wie Sie die Beziehung zum Landrat aufbauen können:

- *Initiieren Sie einen ersten Austausch:* Fragen Sie ein persönliches Gespräch beim Landrat an. Nutzen Sie die Gelegenheit, um gemeinsame Interessen und mögliche Kooperationsfelder zu identifizieren.
- *Beteiligen Sie sich an regionalen Gremien:* Engagieren Sie sich in Arbeitskreisen oder Ausschüssen auf Kreisebene, um den Austausch zu intensivieren und Netzwerke zu knüpfen.
- *Setzen Sie auf gemeinsame Projekte:* Identifizieren Sie Themen, die sowohl für Ihre Kommune als auch für den Landkreis von Bedeutung sind – wie etwa Infrastruktur, Bildung oder Wirtschaftsförderung –, und entwickeln Sie gemeinsame Strategien.
- *Pflegen Sie regelmäßigen Kontakt:* Halten Sie den Dialog aufrecht, sei es durch Telefonate, E-Mails oder persönliche Treffen bei regionalen Veranstaltungen.

Durch diese Maßnahmen stärken Sie nicht nur die Beziehung zum Landrat, sondern fördern auch die Entwicklung Ihrer Kommune im regionalen Kontext. Eine vertrauensvolle Zusammenarbeit ermöglicht es, Ressourcen zu bündeln und gemeinsame Herausforderungen effizient zu meistern.

Die Kooperation mit dem Landrat eröffnet Ihnen weiter die Möglichkeit, über die Grenzen Ihrer eigenen Kommune hinauszublicken. Sie können von den Erfahrungen anderer Kommunen profitieren und Best Practices austauschen. Zudem trägt eine aktive Rolle auf Kreisebene dazu bei, dass die spezifischen Bedürfnisse Ihrer Kommune besser berücksichtigt werden.

Abschließend lässt sich sagen, dass eine gute Beziehung zum Landrat einen wichtigen Baustein für den Erfolg Ihrer Amtszeit darstellt. Sie ermöglicht es Ihnen, Einfluss auf regionale Entscheidungen zu nehmen und die Interessen Ihrer Bürgerinnen und Bürger effektiver zu vertreten.

Bürgermeister der Nachbarkommunen

Die Zusammenarbeit mit Ihren Amtskollegen aus den Nachbarkommunen bietet vielfältige Chancen. Durch den Austausch können Sie gemeinsame Herausforderungen identifizieren und regionale Synergien nutzen. Strategien für einen erfolgreichen Austausch können sein:

- *Netzwerktreffen organisieren:* Initiieren Sie ein regelmäßiges Treffen der Bürgermeister in Ihrer Region, um sich über aktuelle Themen auszutauschen.
- *Gemeinsame Initiativen starten:* Arbeiten Sie zusammen an Projekten wie interkommunalen Gewerbegebieten oder gemeinsamen Tourismuskonzepten.
- *Informelle Kontakte pflegen:* Nutzen Sie regionale Veranstaltungen, um persönliche Beziehungen aufzubauen und zu vertiefen.

Eine enge Kooperation stärkt die gesamte Region und bringt Vorteile für alle beteiligten Kommunen.

Weitere Führungskräfte der Verwaltung

Der Beziehungsaufbau zu den Führungskräften der Verwaltung ist Ihnen bereits vertraut. Im vorherigen Kapitel habe ich Ihnen empfohlen, den Kontakt zu Ihren direkten Führungskräften, wie der Büroleitung oder den Fachbereichsleitungen, zu intensivieren (▶ Kap. 4.l).

Nachdem Sie in der ersten Woche intensive Gespräche mit diesen Schlüsselpersonen geführt haben, sollten Sie in den folgenden Wochen des ersten Monats den Beziehungsaufbau auf weitere Führungskräfte ausweiten. Dazu zählen insbesondere Fachdienstleitungen oder Sachgebietsleitungen, die unterhalb der Fachbereichsleitungen angesiedelt sind und eine zentrale Rolle in der operativen Umsetzung spielen.

Ein direkter Kontakt zu diesen weiteren Führungskräften ermöglicht Ihnen eine effizientere Arbeitsweise mit kurzen Kommunikationswegen. Bei zeitkritischen Themen können Sie spezielle fachliche Fragen gezielt an die jeweilige Fachdienstleitung adressieren, sofern eine Klärung über die Fachbereichsleitung nicht unmittelbar möglich ist. Nichtsdestotrotz gilt es jedoch, die Hierarchien und Verantwortlichkeiten zu respektieren. Die Steuerung der Themen sollte grundsätzlich weiterhin über die Fachbereichsleitungen erfolgen, um deren Autorität nicht zu untergraben. Dieses Thema wird in einem späteren Kapitel noch ausführlicher behandelt.

Darüber hinaus hilft Ihnen der erweiterte Beziehungsaufbau, ein besseres Verständnis für die Herausforderungen und Rahmenbedingungen in den jeweiligen Abteilungen zu entwickeln. Gleichzeitig macht er Sie als Bürgermeister nahbarer, sodass es Führungskräften und Mitarbeitenden leichter fällt, offenes Feedback zu geben. Eine vertrauensvolle und wertschätzende Zusammenarbeit mit allen Hierarchieebenen ist ein wesentlicher Erfolgsfaktor für eine effektive Verwaltung.

Besonderheiten in großen Verwaltungen

In Verwaltungen mit mehreren hundert oder gar tausend Mitarbeitenden ist eine direkte Kommunikation mit allen Führungskräften kaum realistisch. Während in kleineren und mittelgroßen Kommunen eine enge Zusammenarbeit mit Fachdienst- und Sachgebietsleitungen sinnvoll und umsetzbar ist, erfordert eine große Verwaltung eine stärker strukturierte und strategische Herangehensweise.

In größeren Verwaltungen sollten Sie sich vorrangig auf die regelmäßige Abstimmung mit Ihren Fachbereichsleitungen konzentrieren und gezielt überlegen, in welchen Situationen der direkte Kontakt zu weiteren Führungskräften notwendig oder sinnvoll ist. Maßnahmen, um den Informationsfluss trotzdem sicherzustellen, können beispielsweise sein:

- *Delegation und klare Kommunikationswege:* Nutzen Sie bestehende Hierarchien und Strukturen, um sicherzustellen, dass zentrale Informationen effizient weitergegeben werden. Ein gut funktionierendes Führungssystem lebt davon, dass klare Verantwortlichkeiten definiert sind.
- *Gezielte Anlässe für direkten Austausch:* Statt regelmäßiger Einzelgespräche mit allen Führungskräften können Sie gezielt Workshops, Führungskräfte-Tagungen oder informelle Austauschrunden nutzen, um mit verschiedenen Führungsebenen ins Gespräch zu kommen.
- *Digitale Kommunikation:* In sehr großen Verwaltungen kann es sinnvoll sein, ein Intranet, regelmäßige Newsletter oder Videobotschaften zu nutzen, um auch die erweiterte Führungsebene über strategische Entwicklungen zu informieren.

Während in mittelgroßen Verwaltungen mit bis zu 300 Mitarbeitenden ein direkter Austausch mit vielen Führungskräften noch möglich ist, ist dies in Verwaltungen mit über 1.000 Beschäftigten kaum realistisch. Hier sollte Ihr Fokus darauf liegen, eine funktionierende Kommunikationsstruktur zu etablieren, die auch ohne ständige persönliche Interaktion gewährleistet, dass zumindest alle Führungskräfte gut informiert sind und sich einbezogen fühlen.

Außenstellen

Als Bürgermeister ist es wichtig, ein umfassendes Verständnis für alle Facetten Ihrer Verwaltung zu haben, einschließlich der Außenstellen. Diese Einrichtungen sind oft von zentraler Bedeutung für die Dienstleistungen der Kommune und bringen spezifische Bedürfnisse und Herausforderungen mit sich.

Außenstellen können beispielsweise Bürgerämter, Bauhöfe, Schulen, Kindertagesstätten, Bibliotheken oder soziale Einrichtungen sein. Aufgrund ihrer räumlichen Distanz zum Hauptsitz der Verwaltung besteht die Gefahr, dass sie weniger Beachtung finden und eine persönliche sowie inhaltliche Distanz entsteht. Wirken Sie dem frühzeitig entgegen und gehen Sie aktiv in den Austausch mit den Kollegen in den Außenstellen.

Nehmen Sie sich Zeit, die verschiedenen Außenstellen Ihrer Kommune persönlich zu besuchen. Das zeigt nicht nur Ihr Engagement, sondern ermöglicht es Ihnen auch, direktes Feedback zu den Dienstleistungen und Arbeitsbedingungen zu erhalten. Informelle Besuche, Gespräche mit den Mitarbeitern vor Ort und Interesse an ihren Anliegen fördern das Vertrauen und die Identifikation der Belegschaft mit Ihnen als Verwaltungsleitung.

Machen Sie sich bewusst, dass viele Ihrer Bürger die Dienstleistungen der Außenstellen regelmäßig in Anspruch nehmen. Ein positives Arbeitsklima und eine enge Anbindung dieser Einrichtungen an die Hauptverwaltung tragen maßgeblich zur Zufriedenheit der Bürger bei.

Eigenbetriebe

Die Eigenbetriebe Ihrer Kommune spielen eine entscheidende Rolle für die Daseinsvorsorge und die Lebensqualität der Bürger. Sie umfassen Einrichtungen wie Stadtwerke, Verkehrsbetriebe, Entsorgungsbetriebe oder kommunale Wohnungsbaugesellschaften und agieren oft als rechtlich unselbstständige, aber wirtschaftlich eigenständige Unternehmen innerhalb der kommunalen Verwaltung.

Auch der Beziehungsaufbau zu den Leitungskräften Ihrer Eigenbetriebe ist von großer Bedeutung. Wie auch sonst ist eine gute Kommunikationsbasis wichtig für ein zielorientiertes und gemeinschaftliches Handeln aller Akteure dar. Etablieren Sie einen regelmäßigen und offenen Austausch mit den Leitungskräften der Eigenbetriebe. Dies kann durch periodische Treffen, gemeinsame Workshops oder die Teilnahme an Aufsichtsratssitzungen erfolgen. Eine kontinuierliche Kommunikation stärkt das Vertrauen.

Im Gegensatz zu anderen Bereichen der Verwaltung haben Eigenbetriebe oft einen stärkeren wirtschaftlichen Fokus und müssen sich in einem wettbewerbsorientierten Umfeld behaupten. Sie unterliegen speziellen gesetzlichen Rahmenbedingungen und verfügen über spezifische fachliche Expertise. Daher ist es wichtig, ihre individuellen Herausforderungen und Bedürfnisse zu verstehen.

Beginnen Sie damit, persönliche Gespräche mit den Leitungskräften der Eigenbetriebe zu führen. Vereinbaren Sie im ersten Monat Ihrer Amtszeit Termine, um sich ausführlich über deren Tätigkeitsfelder, aktuelle Projekte und strategische Ziele zu informieren. Ein Besuch vor Ort bietet Ihnen die Möglichkeit, einen praxisnahen Eindruck von den Abläufen und Strukturen zu gewinnen. Sie können sich mit den Mitarbeitern austauschen und erhalten Einblicke in die tägliche Arbeit.

Bei der Kommunikation mit den Leitungskräften ist es wichtig, ihre wirtschaftliche Verantwortung und die Notwendigkeit unternehmerischer Entscheidungen zu berücksichtigen. Besprechen Sie gemeinsam, wie die Zusammenarbeit zwischen Verwaltung und Eigenbetrieb optimiert werden kann. Dabei könnten folgende Themen im Vordergrund stehen:

- *Strategische Ausrichtung:* Abstimmung der langfristigen Ziele des Eigenbetriebs mit den Zielen der Kommune.
- *Investitionsplanung:* Diskussion über geplante Investitionen und deren Auswirkungen auf die Kommune.
- *Prozessoptimierung:* Identifikation von Schnittstellen zwischen Verwaltung und Eigenbetrieb, an denen Prozesse effizienter gestaltet werden können.

Unterstützen Sie die Eigenbetriebe bei der Bewältigung ihrer Herausforderungen, beispielsweise durch die Förderung von Innovationen, die Vermittlung von Kontakten oder Unterstützung bei der Öffentlichkeitsarbeit. Zeigen Sie Wertschätzung für ihre Arbeit und erkennen Sie ihren Beitrag zur Kommune an.

Vereine

Die Vereine in Ihrer Kommune sind das Herzstück des gesellschaftlichen Lebens. Sie fördern das Miteinander, bieten vielfältige Freizeit- und Kulturangebote und tragen maßgeblich zur Lebensqualität bei. Wahrscheinlich haben Sie selbst oder Ihre Angehörigen bereits von den Angeboten der örtlichen Vereine profitiert.

Der Beziehungsaufbau zu den Vereinen unterscheidet sich in einigen Aspekten von dem zu anderen Akteuren wie Eigenbetrieben oder Außenstellen. Vereine basieren auf ehrenamtlichem Engagement und sind stark von der Motivation und dem Zusammenhalt ihrer Mitglieder abhängig. Ihre Strukturen sind oft weniger formalisiert und Entscheidungen werden gemeinschaftlich getroffen.

Durch eine enge Beziehung zu den Vereinen können Sie:

- *Das Ehrenamt stärken:* Indem Sie die Arbeit der Vereine wertschätzen und unterstützen, fördern Sie das freiwillige Engagement in Ihrer Kommune.

- *Gesellschaftlichen Zusammenhalt fördern:* Vereine bringen Menschen zusammen und schaffen Gemeinschaft. Ihre Unterstützung trägt dazu bei, dieses soziale Netzwerk zu erhalten und auszubauen.
- *Bedarfe der Bürger besser verstehen:* Über die Vereine erhalten Sie Einblicke in die Bedürfnisse und Wünsche verschiedener Bevölkerungsgruppen.

Beginnen Sie damit, persönliche Kontakte zu den Vereinsvorsitzenden herzustellen. Aufgrund der Vielzahl an Vereinen ist es sinnvoll, sich zunächst auf ausgewählte Vereine zu fokussieren, die zum Beispiel einen großen Einfluss auf Ihre Kommune haben oder viele Mitglieder zählen. Anders als bei Eigenbetrieben, bei denen formelle Treffen im Vordergrund stehen, ist bei Vereinen oft ein informeller Ansatz effektiver. Indem Sie regelmäßig Präsenz zeigen und sich aktiv einbringen, stärken Sie dieses Vertrauen und signalisieren Wertschätzung. Ein Besuch bei Vereinsveranstaltungen, sei es ein Sportturnier, ein Konzert oder ein Gemeindefest, bietet Ihnen die Gelegenheit, die Vereinsarbeit hautnah zu erleben, in direkten Austausch mit den Mitgliedern zu treten und eine persönliche Beziehung aufzubauen.

Zeigen Sie echtes Interesse an den Aktivitäten der Vereine und nehmen Sie sich Zeit für Gespräche. Fragen Sie nach ihren aktuellen Projekten, Erfolgen, aber auch Herausforderungen. Oftmals stehen Vereine vor speziellen Problemen wie der Gewinnung neuer Mitglieder, der Finanzierung von Projekten oder bürokratischen Hürden. Hier können Sie als Bürgermeister Unterstützung anbieten, sei es durch Beratung, Vermittlung von Kontakten oder gezielte Förderung.

Überlegen Sie auch, wie die Vereine in kommunale Projekte eingebunden werden können. Ihre Kenntnisse und Erfahrungen sind wertvoll, etwa bei der Planung von Veranstaltungen, der Gestaltung öffentlicher Räume oder der Entwicklung von Freizeitangeboten. Durch die Einbindung der Vereine fördern Sie nicht nur deren Engagement, sondern schaffen auch Angebote, die den Bedürfnissen der Bürger entsprechen.

Ihre Unterstützung der Vereine wird nicht nur von den Mitgliedern geschätzt, sondern trägt auch zur Stärkung des sozialen Gefüges in Ihrer Kommune bei. Achten Sie beim Beziehungsaufbau jedoch darauf, dass Sie die allgemeinen Regelungen zur Gleichbehandlung beachten. Einige Vereine können untereinander in Konkurrenz stehen oder gegenläufige Interessen verfolgen. Nehmen Sie daher gegenüber den Vereinen eine möglichst neutrale Position ein und versuchen Sie, gleichmäßig in den Beziehungsaufbau zu allen Vereinen zu investieren. Die investierte Zeit und das Engagement werden sich in einem lebendigen Vereinsleben und einer erhöhten Lebensqualität für alle Bürgerinnen und Bürger widerspiegeln.

Weitere Akteure

Nachdem Sie nun verschiedene Personenkreise kennengelernt haben, bei denen Sie innerhalb des ersten Monats proaktiv in den Beziehungsaufbau investieren sollten, möchte ich diesen Unterabschnitt mit einem offenen Blick auf weitere wichtige Akteure abschließen.

Der Bereich »Weitere Akteure« dient dazu, Ihre bisherigen Erkenntnisse aus diesem Buch sowie Ihre eigenen Erfahrungen als Bürgermeister zu nutzen, um zusätzliche relevante Personen oder Gruppen zu identifizieren. Begeben Sie sich in eine persönliche Analyse und stellen Sie sich folgende Fragen:

- Wer kann Sie bei Ihrer Arbeit als Bürgermeister unterstützen?
- Von welchen Personen oder Gruppen sind Sie besonders abhängig?
- Wer ist für Ihre Verwaltung oder Kommune von besonderer Bedeutung?
- Mit wem werden Sie regelmäßig in Ihrem Arbeitsalltag zu tun haben?

Anhand dieser Überlegungen können Sie weitere wichtige Kontakte identifizieren, die Sie in Ihren Beziehungsaufbau einbeziehen sollten. Dies könnten sein:

- *Leitungspersonen großer Unternehmen:* Geschäftsführer von Unternehmen mit bedeutender Gewerbesteuerleistung oder großem Einfluss auf die lokale Wirtschaft.
- *Investoren und Projektentwickler:* Personen oder Firmen, die in Ihrer Kommune investieren möchten, zum Beispiel im Wohnungsbau oder in Infrastrukturprojekten.
- *Leitungskräfte von Bildungseinrichtungen:* Schulleitungen, Leiter von Kindertagesstätten oder anderen Bildungseinrichtungen, die für die Bildungslandschaft Ihrer Kommune wichtig sind.
- *Vertreter religiöser und kultureller Institutionen:* Pastoren, Imame oder Leiter kultureller Zentren, die als Multiplikatoren innerhalb der Gemeinschaft wirken.
- *Leitungskräfte sozialer Einrichtungen:* Verantwortliche von Pflegeheimen, Sozialdiensten oder Beratungsstellen, die für das Wohlergehen der Bürgerinnen und Bürger sorgen.

Bevor Sie den Kontakt zu diesen Akteuren aufnehmen, sollten Sie sich mit den jeweils zuständigen Fachbereichsleitungen abstimmen. Oftmals bestehen bereits Kontakte zwischen den Fachbereichen und den Akteuren. Eine frühzeitige Abstimmung stellt sicher, dass Doppelarbeit vermieden wird und bestehende Beziehungen effektiv genutzt werden. Dies zeigt Respekt gegenüber den bestehenden Arbeitsstrukturen innerhalb der Verwaltung und stärkt die Zusammenarbeit zwischen Ihnen und Ihren Führungskräften.

Indem Sie aktiv auf diesen weiteren Personenkreis zugehen und den Kontakt aufbauen, erweitern Sie Ihr Netzwerk und stärken Ihre Position als Bürgermeister. Nutzen Sie die in diesem Abschnitt beschriebenen Ansätze, um auch diese Beziehungen erfolgreich zu gestalten.

Bei der Kontaktaufnahme mit externen Akteuren ist es ähnlich wie beim Kontakt zu Vereinen entscheidend, stets die Neutralität und Gleichbehandlung zu wahren. Als Bürgermeister sind Sie verpflichtet, alle Akteure gleich zu behandeln und niemanden zu bevorzugen. Dieser Grundsatz unterscheidet Sie in Ihrer Amtsausübung wesentlich von einem Geschäftsführer, welcher in der Regel (eigene) wirtschaftliche Interessen verfolgt. Ihre Verpflichtung zur Fairness und Transparenz sollte in jeder Ihrer Interaktionen zum Ausdruck kommen, um das Vertrauen der Öffentlichkeit zu stärken.

Jeder dieser Akteure hat spezifische Interessen und Bedürfnisse. Während die Geschäftsführung eines Unternehmens möglicherweise einen stärkeren wirtschaftlichen Fokus hat, stehen bei Vertretern religiöser oder kultureller Institutionen soziale und gesellschaftliche Themen im Vordergrund. Passen Sie Ihre Herangehensweise entsprechend an und zeigen Sie echtes Interesse an den jeweiligen Anliegen und Herausforderungen. Bei der Kontaktaufnahme können folgende Aspekte hilfreich sein:

- *Individuelle Ansprache:* Personalisieren Sie Ihre Kommunikation und beziehen Sie sich auf die spezifischen Themen, die für den jeweiligen Akteur relevant sind.
- *Gemeinsame Ziele identifizieren:* Suchen Sie nach Schnittmengen zwischen den Interessen der Akteure und den Zielen Ihrer Kommune.
- *Offenheit für Kooperationen:* Signalisieren Sie Bereitschaft zur Zusammenarbeit und entwickeln Sie gemeinsam Ideen für Projekte oder Initiativen.

Durch diese individuellen Beziehungen schaffen Sie ein starkes Netzwerk, das Ihnen dabei hilft, Ihre Aufgaben als Bürgermeister effizient und erfolgreich zu erfüllen. Sie fördern den Austausch zwischen verschiedenen gesellschaftlichen Gruppen und tragen dazu bei, die Entwicklung Ihrer Kommune positiv zu gestalten.

Der Beziehungsaufbau zu diesen weiteren Akteuren erfordert Zeit und Engagement, doch die Investition wird sich lohnen. Ein breites und gut gepflegtes Netzwerk ermöglicht es Ihnen, auf die vielfältigen Anforderungen Ihres Amts flexibel zu reagieren und die Interessen Ihrer Kommune optimal zu vertreten. Nutzen Sie die ersten Wochen Ihrer Amtszeit, um diese wichtigen Kontakte zu knüpfen und schaffen Sie damit den Rahmen für eine erfolgreiche Zusammenarbeit in der Zukunft.

5.2 Führung

Wie Sie bereits wissen, sind Sie als Bürgermeister die oberste Führungskraft. Es ist wichtig, dass Sie sich jederzeit dieser besonderen Rolle bewusst sind und dementsprechend handeln. Sie sind »Chef« der gesamten Verwaltung und damit auch für viele Ihrer Mitarbeitenden ein Vorbild. Ihre Art der Führung strahlt in die gesamte Verwaltung. Bestenfalls motivieren Sie durch Ihre Führung die gesamte Verwaltung zu Bestleistungen und tragen damit zu einer guten (Dienst-)Leistung für Ihre Kommune bei. Gleichzeitig kann Ihre Führung jedoch auch die Leistungen Ihrer Verwaltung stark limitieren.

Schon in den ersten Wochen Ihrer Amtszeit sollten Sie daher ein besonderes Augenmerk auf die Führung Ihrer Mitarbeitenden legen, um eine positive Arbeitskultur zu forcieren. Dabei ist es wichtig, Ihren persönlichen Führungsstil zu finden und diesen authentisch umzusetzen.

Da es sich bei diesem Buch um einen Praxisleitfaden handelt, werde ich darauf verzichten, ausführlich auf alle theoretischen Führungsstile einzugehen. Dennoch möchte ich Ihnen kurz drei grundsätzliche Führungsstile vorstellen, die auch in der späteren Evaluierung eine Rolle spielen:

- *Kooperativer Führungsstil:* Entscheidungen werden unter Einbeziehung der Mitarbeitenden vorbereitet oder getroffen. In der Praxis als Bürgermeister kann das bedeuten, dass Sie bei wichtigen Projekten wie der Einführung neuer digitaler Bürgerservices Ihre Führungskräfte frühzeitig einbinden, gemeinsam Überlegungen anstellen und unterschiedliche Perspektiven berücksichtigen. Der kooperative Stil unterstützt eine offene Kommunikation und ermöglicht es, vielfältige Erfahrungen und Kompetenzen aus der Verwaltung einzubringen.
- *Autoritärer Führungsstil:* Entscheidungen werden klar und verbindlich vorgegeben. In Ihrer Rolle als Bürgermeister kann dieser Stil in Situationen sinnvoll sein, in denen schnelles und eindeutiges Handeln erforderlich ist, etwa bei kurzfristigen Krisenlagen oder sicherheitsrelevanten Entscheidungen. Der Fokus liegt auf klarer Führung und schneller Umsetzung.
- *Situativer Führungsstil:* Das Führungsverhalten wird flexibel an die jeweilige Situation und die Fähigkeiten der Mitarbeitenden angepasst. Als Bürgermeister bedeutet das, dass Sie erfahrene Fachbereichsleitungen eigenständig arbeiten lassen, während neue Mitarbeitende bei komplexen Projekten enger begleitet werden. Die situative Führung verbindet Elemente der Steuerung und der Eigenverantwortung und orientiert sich am jeweiligen Bedarf.

Diese Führungsstile sind keine starren Kategorien. In der täglichen Arbeit kommt es darauf an, flexibel und bewusst zu entscheiden, welcher Ansatz in welcher Situation sinnvoll ist und am besten zu Ihnen passt. Der kooperative Stil bietet in der Verwaltung häufig die Möglichkeit, vorhandene Kompetenzen bestmöglich zu nutzen und eine tragfähige Arbeitsbeziehung zu entwickeln. Ich ermutige Sie dazu, diese Empfehlungen für sich zu durchdenken, mit Ihrem persönlichen Führungsstil und Ihrer Kommunikationsart abzugleichen und diese umzusetzen, sofern Sie sich damit wohlfühlen. Achten Sie stets darauf, dass Sie Ihrer

Persönlichkeit entsprechend authentisch führen. Nur so werden Sie langfristig erfolgreich agieren können.

Vertrauen und Delegation

Gleich zu Beginn möchte ich Ihnen eine wichtige Empfehlung mitgeben. Sie ist eigentlich so einfach, als dass es hierfür keine weiteren Ausführungen bräuchte: Vertrauen Sie Ihren Mitarbeitenden und delegieren Sie Aufgaben!

Als Steuermann der Verwaltung müssen Sie Ihrer Crew vertrauen. Sie können nicht die Verwaltung auf oberster Ebene steuern und wichtige strategische Entscheidungen zum Beispiel zur Weiterentwicklung der Verwaltung treffen, wenn Sie sich gleichzeitig um diverse operative Themen kümmern. Machen Sie sich dies immer wieder bewusst und hinterfragen Sie sich, wenn Sie im stürmischen Arbeitsalltag merken, dass Sie sich um operative Themen kümmern – beispielsweise um die Sichtung des kompletten Posteingangs der Verwaltung. Jedes Mal, wenn Sie sich »für« eine Tätigkeit entscheiden, entscheiden Sie sich gleichzeitig »gegen« eine andere Tätigkeit. Ihr Tag hat schließlich auch nur 24 Stunden und der vielfältige Verantwortungs- und Aufgabenbereich einer Kommunalverwaltung wird Sie regelmäßig dazu verleiten, auch kleine operative Themen »mal eben kurz« zu übernehmen. Delegieren Sie daher bewusst und greifen Sie auf Ihre Kolleginnen und Kollegen in der Verwaltung zurück.

Durch die bewusste Delegation von Themen binden Sie Ihre Mitarbeitenden aktiv ein und signalisieren Ihnen Ihr Vertrauen. Zudem schafft es die Möglichkeit, dass Ihre Mitarbeitenden Verantwortung übernehmen und sich weiterentwickeln können.

Verantwortung

Für eine gut funktionierende Verwaltung ist es zwingend erforderlich, dass jeder Verantwortung trägt. Dieser Grundsatz gilt für alle Mitarbeitenden, nicht nur für Führungskräfte. Der Umfang des Verantwortungsbereiches fällt hierbei je Position natürlich unterschiedlich aus.

Als Verwaltungsleitung sollten Sie im eigenen Interesse dafür sorgen, dass alle Personen die ihnen zugehörige Verantwortung tragen. Insbesondere bei Ihren direkten Führungskräften sollten Sie darauf achten, dass die entsprechenden Verantwortlichkeiten gelebt werden. Sie sind darauf angewiesen, dass beispielsweise Ihre zuständige Fachbereichsleitung den eigenen Fachbereich und die dazugehörigen Projekte verantwortungsbewusst steuert. Sie trifft eigenverantwortlich Entscheidungen und informiert Sie proaktiv über wichtige Themen.

Um Missverständnisse zu vermeiden, ist es ratsam, bereits in den ersten Wochen frühzeitig über die verschiedenen Verantwortungsbereiche zu sprechen. Klären Sie insbesondere im Kreise Ihres Leitungsteams, wie weit die jeweiligen Verantwortlichkeiten gehen und welche Erwartungshaltungen gegenseitig bestehen. Sicher werden auch Ihre Führungskräfte eigene Vorstellungen in Bezug auf die Verantwortungsbereiche haben. Eine offene und konstruktive Abstimmung hilft Ihnen als Führungsstab, die gegenseitigen Erwartungshaltungen einzubringen und eine Einigung zu erzielen. Damit schaffen Sie eine wichtige Voraussetzung für eine funktionierende Verwaltung.

Feedbackkultur

Eine offene Feedbackkultur ist ein wesentlicher Bestandteil moderner Führungsarbeit. Sie ermöglicht den Mitarbeitenden, sich persönlich und innerhalb der Verwaltung weiterzuentwickeln, und stärkt das Teamgefühl. Auch für Sie als oberste Führungskraft ist Feedback wichtig, um auf Veränderungen reagieren und aus möglichen Fehlern lernen zu können.

Es ist zu berücksichtigen, dass es für Mitarbeitende manchmal schwierig sein kann, ihrer Führungskraft Feedback zu geben. Daher ist es entscheidend, eine Atmosphäre zu schaffen, die deutlich macht, dass konstruktives Feedback willkommen ist und geschätzt wird. Zeigen Sie offen, dass Sie Feedback konstruktiv nutzen möchten. Denken Sie daran: Jeder Mensch macht Fehler, und das Eingeständnis dieser Tatsache fördert eine Kultur des Lernens und der kontinuierlichen Verbesserung.

Durch regelmäßige Feedbackgespräche können Sie nicht nur die Leistung Ihrer Mitarbeitenden fördern, sondern auch wertvolle Einblicke in die Arbeitsprozesse und das Betriebsklima erhalten. Zudem erhalten Sie vielleicht Feedback zu Themen, an denen Sie selbst noch arbeiten dürfen. Dies ermöglicht es Ihnen, gezielt Maßnahmen zur Verbesserung zu ergreifen und das Potenzial Ihres Teams voll auszuschöpfen.

Mitarbeitermotivation

Die Motivation Ihrer Mitarbeitenden ist ein Schlüsselfaktor für den Erfolg Ihrer Verwaltung. Ein motiviertes Team arbeitet effizienter, innovativer und trägt zu einem positiven Arbeitsklima bei. Ihr Ziel sollte es sein, das Wir-Gefühl innerhalb der Verwaltung zu stärken. Dies kann durch verschiedene Maßnahmen erreicht werden:

- *Anerkennung guter Leistungen:* Loben Sie Ihre Mitarbeitenden für gute Arbeit und Erfolge. Das steigert die Zufriedenheit und das Engagement.
- *Transparente Kommunikation:* Informieren Sie offen über Ziele, Entscheidungen und Veränderungen. So schaffen Sie Vertrauen und Verständnis.
- *Einbindung in Entscheidungsprozesse:* Beteiligen Sie Ihre Mitarbeitenden an wichtigen Entscheidungen. Dies fördert die Identifikation mit den Zielen der Verwaltung.
- *Förderung von Entwicklungsmöglichkeiten:* Bieten Sie Fortbildungen und Weiterbildungen an, um die fachlichen und persönlichen Kompetenzen Ihrer Mitarbeitenden zu stärken.

- *Etablierung von Team-Building-Maßnahmen:* Fördern Sie den Zusammenhalt durch gezielte Maßnahmen wie gemeinsame Workshops, regelmäßige Austauschrunden oder informelle Treffen.

Durch gezielte Maßnahmen zur Mitarbeitermotivation schaffen Sie nicht nur ein stärkeres Zugehörigkeitsgefühl, sondern steigern auch die Eigenverantwortung und die Initiative innerhalb Ihrer Verwaltung. Eine motivierte Belegschaft bringt sich aktiver ein, entwickelt eigenständig Ideen und trägt damit maßgeblich zur Weiterentwicklung Ihrer Kommune bei.

Besprechungskultur

Als Verwaltungsleitung werden Sie im Rahmen Ihrer Führungsrolle zahlreiche Besprechungen haben. Eine gut etablierte Besprechungskultur ist dabei von zentraler Bedeutung, um Zeit effizient zu nutzen, zielgerichtete Entscheidungen zu treffen und die Produktivität der Verwaltung zu steigern. Doch wie lassen sich Sitzungen so gestalten, dass sie als effektives Instrument der Zusammenarbeit dienen und nicht als zeitaufwendige Pflichtveranstaltungen empfunden werden?

Die nachfolgenden Empfehlungen können einen wesentlichen Beitrag zu einer effektiven Besprechungskultur leisten. Auch wenn die Empfehlungen für eine Vielzahl von Besprechungen anwendbar sind, sollten Sie individuell in Abhängigkeit von der jeweiligen Besprechung entscheiden, welche Empfehlungen Sie in welchem Umfang nutzen möchten.

Ein wichtiger Ausgangspunkt ist die klare Definition von Zielen sowie die Erstellung einer strukturierten Agenda. Bevor Sie Einladungen versenden lassen, sollten Sie sich fragen: Welches konkrete Ergebnis soll am Ende der Sitzung stehen? Eine präzise Zielsetzung ermöglicht es allen Beteiligten, sich optimal vorzubereiten und ihre Beiträge entsprechend auszurichten. Die rechtzeitige Übermittlung der Agenda unterstützt diesen Prozess und fördert eine effektive Mitarbeit.

Effizientes Zeitmanagement ist ein weiterer Schlüssel für erfolgreiche Besprechungen. Pünktlicher Beginn und Abschluss der Sitzungen signalisieren Wertschätzung für die Zeit der Teilnehmenden und fördern eine Kultur der Verlässlichkeit. Durch die Festlegung von Zeitrahmen für einzelne Gesprächspunkte wird der Fokus auf das Wesentliche gelenkt und Abschweifungen werden vermieden.

Die Dokumentation der Besprechungsergebnisse ist unerlässlich für die Nachverfolgung von Entscheidungen und Aufgaben. Ein klar strukturiertes Protokoll, das zeitnah an alle Teilnehmer versandt wird, gewährleistet Transparenz und Verantwortlichkeit. Die Protokollierung der Ergebnisse sollte hierbei in der Regel nicht durch Sie erfolgen, sondern beispielsweise durch die Gesprächsteilnehmer oder Ihr Vorzimmer. Digitale Tools wie KI-gestützte Protokollierungen oder standardisierte Vorlagen können den Prozess weiter erleichtern und die Effizienz steigern.

Eine offene und respektvolle Kommunikationskultur ist eine wichtige Voraussetzung für produktive Besprechungen. Fördern Sie eine Atmosphäre, in der konstruktives Feedback und der Austausch von Ideen willkommen sind. Klare zu Beginn gemeinsam abgestimmte Rahmenbedingungen für die Zusammenarbeit – etwa der respektvolle Umgang mit Redezeiten, die Konzentration auf die Sachebene und das aktive Zuhören – helfen dabei, die Besprechungen noch zielgerichteter und respektvoller zu gestalten.

Die Entscheidungsorientierung sollte stets im Vordergrund stehen. Lenken Sie Gespräche zielgerichtet und vermeiden Sie es, Entscheidungen unnötig zu vertagen. Wenn keine sofortige Einigung erzielt werden kann, können klar definierte Kriterien für die Entscheidungsfindung oder die Delegation an Arbeitsgruppen hilfreich sein.

Auch die bewusste Auswahl des Teilnehmerkreises trägt maßgeblich zur Effizienz von Besprechungen bei. Laden Sie ausschließlich Personen ein, die für die jeweiligen Themen relevant sind. Bei fachlichen Themen überlassen Sie die Entscheidung gegebenenfalls auch Ihren zuständigen Fachbereichsleitungen, die die entsprechenden Kollegen aus den Fachbereichen zur Besprechung einbinden können.

Beachten Sie auch, dass die kontinuierliche Verbesserung der Besprechungskultur ein fortlaufender Prozess ist. Regelmäßiges Einholen von Feedback und die zeitnahe Umsetzung von Verbesserungsvorschlägen zeigen Ihrem Team, dass Ihnen ihre Meinung wichtig ist, und fördern das Engagement aller Beteiligten.

Durch die Umsetzung dieser praxisorientierten Ansätze schaffen Sie die Grundlage für eine effektive und effiziente Zusammenarbeit innerhalb Ihrer Verwaltung. Eine gut etablierte Besprechungskultur spart nicht nur Ressourcen, sondern steigert auch die Zufriedenheit und Motivation Ihrer Mitarbeitenden. Dies wirkt sich positiv auf die gesamte Amtsführung aus und unterstützt Sie dabei, Ihre Ziele als Bürgermeister erfolgreich zu realisieren.

5.3 Inhaltliche Einarbeitung: Politische Gremien und Rahmenbedingungen

Während Sie sich bei Ihrer inhaltlichen Einarbeitung in der ersten Woche auf den Verwaltungsbereich fokussiert haben (▶ Kap. 4.2), sollten Sie sich nun im zweiten Teil einen Überblick über die politische (Ausschuss-)Landschaft in Ihrer Kommune verschaffen. Ähnlich wie im vergleichbaren Abschnitt zur Verwaltung geht es im Folgenden darum, die politischen Strukturen sowie das politische Handeln zu verstehen. Weiter erhalten Sie einen Eindruck von wichtigen Rahmenbedingungen, die für das Wirken Ihrer Verwaltung entscheidend sind.

Ausschussstruktur verstehen

Im Kapitel über die kommunale Landschaft bin ich im Zusammenhang mit den Aufgaben der Kommunalpolitik auf die Strukturen der Politik eingegangen (▶ Kap. 2.5). Wie Sie mittlerweile wissen, beeinflusst die

Kommunalpolitik sehr stark die Rahmenbedingungen und das daraus folgende Handeln von Ihnen als Bürgermeister bzw. Ihrer Verwaltung: Es ist Ihre Aufgabe, die Beschlüsse der Politik umzusetzen. Es ist daher entscheidend, die politischen Strukturen tiefgehend zu verstehen.

Wie Sie bereits gelernt haben, kann die kommunale Vertretung sich mittels eingerichteter Ausschüsse in ihrer Arbeit unterstützen lassen. Die entsprechenden Regelungen sind in der Zuständigkeitsordnung der Kommune festzulegen und der Hauptsatzung der Kommune als Anlage hinzuzufügen. Die für Ihre Kommune gültige Hauptsatzung und Zuständigkeitsordnung finden Sie in der Regel im Bereich »Ortsrecht« auf der Homepage der Kommune.

Ich empfehle Ihnen, sich einen speziellen Überblick über die Politikstruktur in Ihrer Kommune zu machen. Die Kenntnis dieser Strukturen ermöglicht es Ihnen in der Folge, auch das politische Handeln der jeweiligen politischen Akteure besser zu verstehen. Ein tiefgehendes Verständnis schafft den Raum für strategisches Handeln, das in Ihrer Rolle als Bürgermeister von entscheidender Bedeutung ist.

Lassen Sie uns an dieser Stelle einen konkreten Blick auf die Stadt Elmshorn (Mittelstadt, rund 53.000 Einwohner) werfen. Der vertiefte Blick in deren Ausschussstruktur hilft Ihnen, sich ein detailliertes Bild zu verschaffen, wie umfangreich die Strukturen in einer Kommune sein können. Weiter schärft es Ihr Verständnis für die umfassenden Aufgaben und Entscheidungsbereiche der Kommunalpolitik, auf die wir bereits eingegangen sind (▶ Kap. 2.5).

Die Stadt Elmshorn hat in ihrer Zuständigkeitsordnung als Anlage zur Hauptsatzung Zuständigkeiten festgelegt, die sich im Wesentlichen wie nachfolgend zusammenfassen lassen:[7]

---

7   Stadt Elmshorn (2024): Zuständigkeitsordnung der Stadt Elmshorn. Verfügbar unter: https://www.elmshorn.de/media/custom/3302_9467_1.PDF?1705480296 und Stadt Elmshorn (2023): Hauptsatzung der Stadt Elmshorn. Verfügbar unter: https://

Hauptausschuss

Die Zuständigkeiten des Hauptausschusses sind in der Gemeindeordnung Schleswig-Holsteins (GO SH) und der lokalen Zuständigkeitsordnung von Elmshorn festgelegt. Der Hauptausschuss in Elmshorn spielt eine zentrale Rolle bei einer Vielzahl wichtiger Verwaltungs- und Finanzentscheidungen. Zu seinen Hauptaufgaben und Entscheidungsbereichen gehören:

1. *Privatrechtliche Vereinigungen:* Entscheidungen über die Gründung von oder Beteiligung der Stadt an Gesellschaften, Genossenschaften und anderen privatrechtlichen Vereinigungen, wenn der Anteil der Stadt 50 % nicht übersteigt. Der Ausschuss bestimmt auch die Vertreter der Stadt in solchen Organisationen.
2. *Stiftungsangelegenheiten:* Entscheidungen über die Errichtung, Änderung oder Auflösung von Stiftungen, bei denen der städtische Anteil unter 250.000 Euro liegt.
3. *Rechtliche und finanzielle Entscheidungen:* Genehmigung von Rechtsstreitigkeiten, Vergleichen, Bürgschaften, Sicherheiten und Leasingverträgen in bestimmten finanziellen Grenzen.
4. *Vermögensverwaltung:* Entscheidungen über den Erwerb, die Veräußerung und Belastung von Stadtvermögen in einem festgelegten finanziellen Rahmen.
5. *Schuldenmanagement:* Zuständigkeiten in Bezug auf Stundungen, Darlehen und Zuschüsse innerhalb bestimmter finanzieller Grenzen.
6. *Vorbereitende Beratungen:* Der Ausschuss berät über den Stellenplan, die Hauptsatzung und die Geschäftsordnung des Stadtverordneten-Kollegiums.
7. *Oberste Dienstbehörde des Bürgermeisters:* Der Hauptausschuss ist für dienstrechtliche Entscheidungen wie beispielsweise die Ge-

---

www.elmshorn.de/media/custom/3302_8051_1.PDF?1684736169 (beide zugegriffen: 24.02.2025).

nehmigung von Nebentätigkeiten oder disziplinarische Maßnahmen zuständig. Er überwacht damit die Einhaltung dienstlicher Pflichten und vertritt die Kommune als Arbeitgeber gegenüber dem Bürgermeister.

8. *Entscheidungen über Treue- und Verschwiegenheitspflicht:* Der Ausschuss entscheidet über Treuepflichtverletzungen und Befreiungen von der Verschwiegenheitspflicht bei Stadtverordneten und ehrenamtlich Tätigen.

9. *Personalentscheidungen:* Der Ausschuss trifft Personalentscheidungen für leitende Stellen, die dem Bürgermeister oder den Stadträten unmittelbar unterstellt sind.

10. *Polizeibeiratsfunktionen:* Dazu können zum Beispiel die beratende Begleitung der örtlichen Polizeiarbeit, etwa durch Diskussion aktueller Sicherheitsfragen, oder die Unterstützung bei der Erörterung von Polizeistrategien im Rahmen der kommunalen Sicherheitsbelange gehören.

Ausschuss für Stadtentwicklung und Umwelt

Der Ausschuss für Stadtentwicklung und Umwelt in Elmshorn ist für eine Reihe von wichtigen Entscheidungen im Bereich der Stadtplanung und des Umweltschutzes verantwortlich. Zu seinen Hauptaufgaben gehören:

1. *Stadtplanung und Bauleitplanung:* Der Ausschuss fasst Beschlüsse zur Aufstellung, zum Entwurf und zur Auslegung von Flächennutzungsplänen und Bebauungsplänen. Weiter trifft er Grundsatzentscheidungen über die Nutzung städtischer Grundstücke und die Standorte städtischer Bauvorhaben.

2. *Bürgerbeteiligung bei städtischen Planungen:* Er entscheidet über die Art und den Umfang der Bürgerbeteiligung bei städtischen Planungsprozessen. Er legt beispielsweise fest, ob und wie Bürgerinformationsveranstaltungen oder Anhörungen durchgeführt werden.

3. *Natur- und Umweltschutzmaßnahmen:* Der Ausschuss beschließt Maßnahmen nach dem Bundesnaturschutzgesetz und dem Wasserhaushaltsgesetz, sofern der finanzielle Umfang 12.500 Euro übersteigt. Zudem fördert er Maßnahmen des Natur- und Umweltschutzes für Private, Vereine oder Verbände, wenn die Fördersumme 5.000 Euro übersteigt, und entscheidet über Landschaftspläne und deren Umsetzung.

4. *Stellungnahmen und Raumordnung:* Er gibt Stellungnahmen zu Plangenehmigungsverfahren und Planfeststellungen ab, wenn die Stadt betroffen ist. Darüber hinaus äußert er sich zur Raumordnung, Landesplanung und zu Bauleitplanverfahren der Umlandgemeinden, außer in bestimmten Ausnahmefällen.

5. *Weitere Zuständigkeiten:*
   – Ausübung des städtischen Vorkaufsrechts,
   – Entscheidungen über die Widmung, Umstufung oder Einziehung von Straßen,
   – Abschluss von Erschließungsverträgen, bei denen die Erschließungskosten einen bestimmten Betrag übersteigen und zur Beitragserhebung führen.

Ausschuss für Gleichstellung und Soziales

Der Ausschuss für Gleichstellung und Soziales in Elmshorn übernimmt Aufgaben, die sich hauptsächlich auf die Förderung von Sozialprojekten und die Unterstützung des Frauenhauses konzentrieren. Er spielt eine wichtige Rolle für soziale Belange und Gleichstellungsfragen in Elmshorn und trägt dazu bei, dass soziale Gruppen und Einrichtungen wie das Frauenhaus die benötigte Unterstützung erhalten. Zu seinen Hauptaufgaben gehören:

1. *Förderung sozialer Projekte:* Der Ausschuss ist zuständig für die Bewilligung von Förderanträgen sozialer Gruppen und Einrichtungen. Dies umfasst die Prüfung und Genehmigung von Anträgen auf fi-

nanzielle Unterstützung für Projekte und Programme, die sozialen Gruppen oder Einrichtungen zugutekommen.

2. *Frauenhaus:* Der Ausschuss befasst sich mit Angelegenheiten des Frauenhauses. Dies kann die Bereitstellung von Ressourcen, die Überwachung der Dienstleistungen oder die Entwicklung von Strategien zur Unterstützung und zum Schutz von Frauen, die von häuslicher Gewalt betroffen sind, einschließen.

Ausschuss für Kinder, Jugend, Schule und Sport

Der Ausschuss für Kinder, Jugend, Schule und Sport in Elmshorn hat eine Schlüsselrolle bei der Gestaltung und Überwachung von Bildungs- und Freizeitangeboten für Kinder und Jugendliche. Seine Hauptaufgabe besteht darin, Entscheidungen über die Festlegung der zuständigen Schulen zu treffen. Dies beinhaltet die Zuordnung von Schulen zu bestimmten Einzugsbereichen und die Regelung von Schulangelegenheiten, die die Schüler direkt betreffen.

Die Arbeit dieses Ausschusses ist entscheidend für die Förderung der Bildung und des Wohlbefindens junger Menschen in der Stadt. Durch seine Entscheidungen beeinflusst er direkt die Qualität und Zugänglichkeit der Bildungsangebote und trägt dazu bei, dass Sport und Freizeitaktivitäten für Kinder und Jugendliche attraktiv gestaltet werden.

Ausschuss für Kultur und Weiterbildung

Der Ausschuss für Kultur und Weiterbildung in Elmshorn spielt eine zentrale Rolle bei der Förderung des kulturellen Lebens und der Bildung in der Stadt. Durch seine Entscheidungen trägt er wesentlich zur kulturellen Vielfalt und zu den Bildungsmöglichkeiten in der Stadt bei. Zu seinen Hauptaufgaben gehören:

1. *Vergabe von Zuwendungen:* Der Ausschuss entscheidet über die finanzielle Unterstützung von Kulturschaffenden und -verbänden,

um ein vielfältiges und lebendiges Kulturangebot in der Stadt zu erhalten und zu fördern.

2. *Teilhabe am kulturellen Leben:* Der Ausschuss setzt sich dafür ein, dass die Elmshorner Bürgerinnen und Bürger am kulturellen Leben teilhaben können. Dies beinhaltet die Gestaltung und Unterstützung von Programmen und Veranstaltungen, die das kulturelle Angebot der Stadt bereichern.

3. *Maßnahmen der Weiterbildung:* Der Ausschuss trifft Entscheidungen zu verschiedenen Maßnahmen im Bereich der Weiterbildung. Dies umfasst die Planung und Förderung von Bildungsprogrammen, die den Einwohnern der Stadt neue Lernmöglichkeiten und -erfahrungen bieten.

4. *Straßenbenennungen:* Der Ausschuss hat die Aufgabe, über Straßenbenennungen, Ergänzungen und Hinweisschilder zu entscheiden. Dies trägt zur Identität und zum historischen Bewusstsein der Stadt bei und ist ein wichtiger Teil der kulturellen Repräsentation und des Erbes von Elmshorn.

Ausschuss für Stadtumbau

Der Ausschuss für Stadtumbau in Elmshorn ist zuständig für politische Entscheidungen im Zusammenhang mit der Stadtentwicklung, insbesondere in festgelegten Sanierungsgebieten und bei Großprojekten. Aufgrund des besonderen Umfangs und der strategischen Bedeutung der Stadtumbauprojekte wurde dieser Ausschuss zusätzlich zum allgemeinen Ausschuss für Stadtentwicklung und Umwelt eingerichtet. Die spezialisierte Struktur ermöglicht eine fokussierte Beratung und eine beschleunigte Entscheidungsfindung bei Sanierungs- und Entwicklungsmaßnahmen.

Seine Arbeit ist entscheidend für die gezielte und nachhaltige Entwicklung von Elmshorn und trägt zur positiven Gestaltung und Zukunftsfähigkeit der Stadt bei. Seine Zuständigkeiten umfassen:

1. *Entscheidungen in Sanierungsgebieten:* Der Ausschuss ist verantwortlich für alle Entscheidungen, die sich ausschließlich oder überwiegend in den Grenzen der förmlich festgelegten Sanierungsgebiete befinden oder diese betreffen. Dies beinhaltet Maßnahmen zur Sanierung und Aufwertung dieser Gebiete.

2. *Großprojekte:* Der Ausschuss trifft Entscheidungen zu Maßnahmen, die Teil eines durch das Stadtverordneten-Kollegium beschlossenen Großprojekts sind. Solche Projekte können städtebauliche, infrastrukturelle oder andere großangelegte Entwicklungsmaßnahmen umfassen, die für die Stadtentwicklung von Elmshorn bedeutend sind.

3. *Abstimmung mit anderen Ausschüssen:* Bei Grundsatzentscheidungen anderer Ausschüsse, die die Planungsziele der genannten Sanierungsgebiete oder Großprojekte betreffen, ist eine enge Abstimmung mit dem Ausschuss für Stadtumbau erforderlich. Dies stellt sicher, dass alle relevanten Aspekte berücksichtigt werden und eine kohärente Stadtentwicklungsstrategie verfolgt wird.

Stadtwerkeausschuss

Der Stadtwerkeausschuss in Elmshorn übernimmt eine zentrale Rolle bei der Verwaltung und Steuerung der Stadtwerke, die als Eigenbetrieb der Stadt fungieren. Seine Arbeit ist von großer Bedeutung, da die Stadtwerke wesentliche öffentliche Dienstleistungen erbringen und einen bedeutenden Einfluss auf die Lebensqualität in der Stadt ausüben. Seine Entscheidungen beeinflussen direkt die wirtschaftliche Gesundheit der Stadtwerke und damit auch ihre Fähigkeit, nachhaltig und effizient zu agieren. Seine Hauptaufgaben umfassen:

1. *Werkausschuss-Funktionen:* Der Ausschuss erfüllt die Aufgaben eines Werkausschusses gemäß der Eigenbetriebsverordnung und der Betriebssatzung. Dies beinhaltet die Überwachung und Lenkung

der Stadtwerke, um sicherzustellen, dass sie effizient und im besten Interesse der Stadt und ihrer Bürgerinnen und Bürger operieren.

2. *Festsetzung von Entgelten:* Der Ausschuss ist verantwortlich für die Festsetzung allgemeiner privatrechtlicher Entgelte. Diese Entscheidung betrifft die Preise und Tarife, die die Stadtwerke für ihre Dienstleistungen wie Wasser-, Gas- und Stromversorgung, sowie für weitere Services berechnen.

Ausschusshandeln verstehen

Nachdem wir uns gemeinsam die Strukturen angeschaut haben, können wir uns nun dem in diesen Bahnen ablaufenden politischen Handeln widmen. Aufgrund der unterschiedlichen Zuständigkeiten der Ausschüsse einer Kommune durchlaufen größere Beschlussfassungen oftmals mehrere Ausschüsse. Pro Ausschuss wird das Thema in mehreren Sitzungen durch die kommunalpolitischen Vertreter beraten und eine Beschlussempfehlung erarbeitet. Auf deren Basis ergeht letztlich eine abschließende Entscheidung per Abstimmung durch die Gemeindevertretung.

Die Art und Weise, wie die Ausschüsse arbeiten, beeinflusst direkt die Geschwindigkeit, Qualität und Nachvollziehbarkeit politischer Entscheidungen. Als Bürgermeister nehmen Sie zwar nicht an den Abstimmungen in den Ausschüssen teil, jedoch haben Sie eine zentrale Rolle dabei, den Beratungsprozess mitzugestalten, Fachinformationen bereitzustellen und auf konsistente Entscheidungswege hinzuwirken.

Stellen Sie sich vor, in Ihrer Kommune soll eine neue soziale Betreuungseinrichtung (Kindertagesstätte) auf einer städtischen Fläche gebaut werden. Dabei handelt es sich um ein komplexes Vorhaben, das mit verschiedenen Maßnahmen verbunden ist. Diese können in der Gesamtbetrachtung die Beteiligung von diversen Ausschüssen erforderlich machen (▶ Abb. 2).

Sicherlich muss für die neue städtische Fläche Baurecht geschaffen werden, wofür der Ausschuss für Stadtentwicklung und Umwelt hinzugezogen werden muss. Ebenso braucht es eine Beteiligung des Ausschusses für Kinder, Jugend, Schule und Sport, da die neue Einrichtung ein Bildungs- und Freizeitangebot darstellt. Aufgrund unterschiedlicher Empfehlungen der vorgeschalteten (Fach-)Ausschüsse sowie den finanziellen Auswirkungen ist der Hauptausschuss anzuhören, der außerdem eine Empfehlung für die Personalausstattung (Stellenplan) gegenüber der Gemeindevertretung – im Falle der Stadt Elmshorn heißt sie »Stadtverordneten-Kollegium« – aussprechen kann.

Abb. 2: Flussdiagramm des kommunalpolitischen Prozesses am Beispiel der Planung einer Kindertagesstätte.

Im Ergebnis wären in diesem praxisnahen Beispiel bereits drei Fachausschüsse zu beteiligen, um eine abschließende Entscheidung in der Gemeindevertretung zu erwirken. Mit dem Vorhaben sind also bereits bei einfachster Betrachtung – ohne Berücksichtigung etwaiger Planveränderungen oder anderweitiger Einflussfaktoren – mindestens vier kommunalpolitische Sitzungen verbunden.

Die jeweiligen Ausschüsse handeln in der Regel allein in den Grenzen ihrer Zuständigkeit. Das heißt, die politischen Vertreter des Ausschusses für Stadtentwicklung und Umwelt beraten über ein Thema wie eine neue Kindertagesstätte rein in ihrer Rolle als Ausschussmitglied »Stadtentwicklung und Umwelt«. Es ist für Sie sehr wichtig zu verstehen, dass damit eine gewisse Gewichtung der Themen einhergeht. So kann im Beispiel der Errichtung einer sozialen Betreuungseinrichtung eine Empfehlung aus Umweltaspekten (Zuständigkeit beim Ausschuss für Stadtentwicklung und Umwelt) sehr gegenläufig zu derjenigen aus fachlichen Betreuungsaspekten (Zuständigkeit beim Ausschuss für Kinder, Jugend, Schule und Sport) sein. Dabei sind es oft in Teilen dieselben Personen, die in den unterschiedlichen Ausschüssen – basierend auf deren Zuständigkeit – diese verschiedenen Sichtweisen und Gewichtungen vertreten. Auch wenn das manchmal irritierend erscheinen mag, ist die unterschiedliche Rollenwahrnehmung wichtig für den politischen Beratungs- und Entscheidungsprozess.

Neben der Beratung in den Ausschüssen ist zu berücksichtigen, dass die kommunalpolitischen Vertreter sich in der Regel vorab innerhalb ihrer Fraktion zum Beratungsgegenstand abstimmen. Insofern ist bei jedem Vorhaben auch noch eine (Vor-)Beratung in den internen Sitzungen der Fraktionen einzuplanen. Bei komplexeren Vorhaben finden zusätzlich Sitzungen von eigens gebildeten Arbeitsgruppen unter Beteiligung von Vereinen statt. Das geschieht beispielsweise, um auf Basis des geplanten Betreuungsangebots zusammen mit den späteren Betreibern die räumliche Gestaltung und spätere Nutzung zu konzipieren. Oder die Fraktionsvorsitzenden bitten Sie als Verwaltung, sie in einem gesonderten Vorgespräch ohne Beteiligung der Öffentlichkeit über die Planungen zu dem Vorhaben zu informieren, um mögliche Fragen zu klären.

Wie Sie sehen, ist das Handeln der Ausschüsse komplex und zeitaufwendig. Es ist sehr wichtig, dass Sie ein Verständnis für diese Zusammenhänge entwickeln. Das hilft Ihnen dabei, politische Entscheidungswege effizienter zu gestalten, Blockaden frühzeitig zu erkennen und Ihre Verwaltung so zu steuern, dass politische Prozesse nicht durch organisatorische oder inhaltliche Unklarheiten ausgebremst werden. Sie müssen sich nicht in jede Diskussion einmischen – aber Sie sollten wissen, wann es strategisch klug ist, steuernd einzugreifen, Klarheit zu schaffen oder Abstimmungsprozesse zu beschleunigen.

Im nächsten Abschnitt werde ich auf weitere Besonderheiten des Ausschusshandelns und Rahmenbedingungen eingehen und zeigen, wie Sie den Beratungsprozess in Einklang mit der Verwaltungsarbeit bringen können.

Arbeitsweise der Kommunalpolitik

Um die Arbeitsweise der Kommunalpolitik zu verstehen, sollten Sie sich zunächst bewusst machen und akzeptieren, dass die strategischen Entscheidungen in der Regel von ehrenamtlich tätigen Personen getroffen werden. Die kommunalpolitischen Vertreter sind oft noch zusätzlich hauptberuflich tätig oder haben bereits das Renteneintrittsalter erreicht. Wie Sie bereits bei den Aufgaben der Politik gelernt haben (▶ Kap. 2.5), ist mit der Ausübung des kommunalpolitischen Ehrenamts ein sehr hohes Maß an Verantwortung verbunden. Diese Verantwortung zu jeder Zeit bestmöglich und gewissenhaft im Sinne der Kommune auszuüben, stellt bereits eine große Herausforderung dar. Der damit einhergehende Zeitaufwand ist enorm und ist von den politischen Vertretern mit ihren weiteren (haupt-)beruflichen, privaten, familiären und sonstigen Verpflichtungen in Einklang zu bringen.

Vor diesem Hintergrund gewinnt auch die Frage der digitalen Sitzungsarbeit zunehmend an Bedeutung. Die Regelungen hierzu unterscheiden sich zwischen den Bundesländern, wobei eine allgemeine Tendenz zur Öffnung für digitale und hybride Sitzungsformate zu beobachten ist. In Schleswig-Holstein hat der Landtag bereits Anfang 2025 beschlossen, dass ab dem l. Januar 2027 Kommunen die hybride Teilnahme an Sitzungen der Gemeindevertretung auch außerhalb von Krisenzeiten auf Antrag eines Mitglieds ermöglichen müssen. Die nun beschlossene Erweiterung wird ehrenamtlichen Kommunalpolitikern mehr Flexibilität in der Ausübung ihres Amtes bieten und somit die Vereinbarkeit mit anderen Verpflichtungen erleichtern. Die Entscheidung über die Einführung digitaler Sitzungsformate liegt dabei in der Verantwortung der jeweiligen Gemeinde. Dabei spielen Aspekte wie die Wahrung der Öffentlichkeit und IT-Sicherheit eine zentrale Rolle.

Die Arbeitsweise der Kommunalpolitik ist auch inhaltlich geprägt durch die besonderen Rahmenbedingungen des Ehrenamts. Die Politik ist in der Regel darauf angewiesen, dass Entscheidungen von der Verwaltung gründlich vorbereitet werden. Eine komprimierte Aufbereitung der entscheidungsreifen Themen kann zu Effizienzgewinnen führen. Ein »Management-Summary« kann eine zielführende Option darstellen und wird im nächsten Abschnitt näher erläutert (▶ Kap. 5.4). Gleichzeitig sind viele ehrenamtliche Vertreter hoch engagiert und interessiert, was dazu führen kann, dass sie sich sehr tiefgehend in Vorgänge und operative Themen im Aufgabenbereich Ihrer Verwaltung einbringen.

Ich empfehle Ihnen, sich einen Überblick zu verschaffen, wie Ihre politischen Entscheidungsträger ihre unterschiedlichen Aufgaben wahrnehmen. Welche Arbeitsweise pflegen sie bzw. die Gremien, in denen sie sitzen? Nutzen Sie dafür Gespräche mit den politischen Vertretern. Hierzu können Sie auch die Erfahrungswerte Ihrer Mitarbeiter mit der Politik nutzen. Besuchen Sie auch die Sitzungen der Politik, um einen Eindruck zu gewinnen, wie diese ablaufen. Werden Grundsatzfragen zu Beschlussvorlagen in den Sitzungen geklärt? Oder erfolgte eine Klärung vorab bilateral mit den Ansprechpersonen der Verwaltung? Sind die ehrenamtlichen Politiker inhaltlich vorbereitet oder erfolgt eine Einsicht in die Vorlagen erst im Rahmen der laufenden Sitzung? Besteht Offenheit für eine digitale Sitzungsarbeit oder präferiert der Ausschuss Sitzungen vor Ort?

Durch die Kenntnis der kommunalpolitischen Arbeitsweisen wächst Ihr Verständnis über die Rahmenbedingungen Ihrer Arbeit als Bürgermeister. Dieses Wissen können Sie nutzen, um Ihr Handeln entsprechend auszurichten und gegebenenfalls die Möglichkeiten digitaler Sitzungsarbeit zu evaluieren und zu implementieren, um die Effizienz und Flexibilität der kommunalpolitischen Arbeit zu steigern.

Rahmenbedingungen verstehen

Um Ihre Arbeit als Bürgermeister erfolgreich zu gestalten, müssen Sie nicht nur ein Verständnis der politischen Ausschusslandschaft entwickeln, sondern auch die spezifischen Rahmenbedingungen der Kommunalverwaltung kennen. Diese Rahmenbedingungen definieren Ihre Handlungsspielräume und haben direkte Auswirkungen auf Ihre Entscheidungskompetenzen und die gesamte Verwaltung. Im Folgenden werden ich Ihnen die wichtigsten Rahmenbedingungen erläutern, die Sie als Bürgermeister verinnerlichen sollten, um fundierte Entscheidungen treffen zu können.

Rechtliche Rahmenbedingungen

Im Unterschied beispielsweise zur Privatwirtschaft sind in der Kommunalverwaltung alle Handlungsmöglichkeiten in ein strenges Korsett aus gesetzlichen Vorgaben eingebunden. Während ein Geschäftsführer eines Unternehmens flexibler agieren kann, sind Sie als Bürgermeister unter anderem an Kommunalgesetze, Landesverordnungen, kommunale Satzungen und Verordnungen gebunden. Diese Gesetze legen genau fest, welche Aufgaben Sie zu erfüllen haben und welche Befugnisse Ihnen zustehen.

Pflichtaufgaben und freiwillige Aufgaben

Ein weiterer wichtiger Aspekt ist die Unterscheidung zwischen Pflichtaufgaben und freiwilligen Aufgaben. Pflichtaufgaben sind solche, die gesetzlich vorgeschrieben sind und deren Erfüllung deshalb unabdingbar ist. Dazu gehören zum Beispiel die Müllabfuhr, die Gefahrenabwehr oder die Unterhaltung der öffentlichen Straßen und Wege. Diese Aufgaben müssen von der Kommune erfüllt werden, unabhängig von der finanziellen Situation.

Freiwillige Aufgaben hingegen sind solche, die von der Kommune nach eigenem Ermessen übernommen werden können, wie der Betrieb eines Freibads, die Förderung von kulturellen Veranstaltungen oder die Unterstützung von Sportvereinen. Ob und in welchem Umfang diese Aufgaben erfüllt werden, hängt von der Haushaltslage ab. Gerade in Zeiten angespannter Haushalte kann es zunehmend schwierig werden, ausreichend finanzielle Mittel für freiwillige Aufgaben bereitzustellen. Der wachsende Aufwand für Pflichtaufgaben engt vielerorts den Handlungsspielraum erheblich ein. Die Finanzierung der kommunalen Aufgaben erfolgt dabei über verschiedene Quellen: Neben Steuereinnahmen – insbesondere der Gewerbesteuer, der Grundsteuer sowie dem Gemeindeanteil an der Einkommensteuer – erhalten Kommunen auch Zuweisungen aus dem kommunalen Finanzausgleich sowie Einnahmen aus Gebühren und Beiträgen. Die eigenen Steuereinnahmen decken dabei etwa ein Drittel der Gesamtausgaben. Steigende Kosten für Pflichtaufgaben können dazu führen, dass entweder Ausgaben reduziert, Gebühren angepasst oder in sensiblen Fällen Steuern erhöht werden müssen. Jede dieser Entscheidungen erfordert eine sorgfältige politische Abwägung, da sie unmittelbar Einfluss auf die Bürgerinnen und Bürger hat.

Die Unterscheidung zwischen freiwilligen und Pflichtaufgaben ist für Sie als Bürgermeister besonders wichtig, da sie Auswirkungen auf die Ressourcenplanung und Priorisierung von Projekten hat.

Politische Entscheidungen und Einflussgrenzen

Viele Entscheidungen in der Verwaltung können nicht vom Bürgermeister getroffen werden. Stattdessen sind politische Beschlüsse erforderlich, die durch die Gemeindevertretung oder deren Ausschüsse gefasst werden. Dies betrifft insbesondere Maßnahmen mit finanziellen Auswirkungen oder grundsätzliche Projekte. Das bedeutet, dass Sie als Bürgermeister häufig auf die Unterstützung der politischen Gremien angewiesen sind, um Ihre Vorhaben umzusetzen. Die Kenntnis der politischen Entscheidungsstrukturen hilft Ihnen auch dabei, Ihre Handlungsspielräume realistisch einzuschätzen.

Partizipation und Mitwirkung der Bürger

Ein zentrales Element der Kommunalverwaltung ist die Bürgerbeteiligung. Die Bürgerinnen und Bürger haben das Recht, an Entscheidungsprozessen teilzunehmen und ihre Meinung einzubringen. Dies geschieht über formale Verfahren wie öffentliche Anhörungen oder Bürgerversammlungen. Die Meinungen der Bürgerschaft zu hören und ihre Interessen zu berücksichtigen, führt oft zu längeren Entscheidungsprozessen. Gleichzeitig ist die Bürgerbeteiligung eine Chance, Akzeptanz für Entscheidungen zu schaffen und das Vertrauen in die Verwaltung zu stärken.

Vergaberecht und Wirtschaftlichkeit

Ein weiterer wichtiger Punkt für Ihre Tätigkeit als Bürgermeister ist das Vergaberecht. Anders als in der Privatwirtschaft kann die Verwaltung Aufträge nicht ohne Weiteres vergeben, sondern muss in vielen Fällen öffentliche Ausschreibungen durchführen. Das stellt sicher, dass Steuergelder transparent und sorgsam verwendet werden. Es führt aber auch dazu, das selbst kleinere Beschaffungen zeitintensiv ausfallen können, da sie oft umfangreiche Verfahren durchlaufen müssen, um den rechtlichen Anforderungen zu genügen.

Gleichzeitig eröffnet das Vergaberecht auch Chancen. Die verpflichtende Einhaltung klarer Vorgaben schafft einen fairen Wettbewerb, der Unternehmen unabhängig von ihrer Größe die Möglichkeit gibt, sich an öffentlichen Aufträgen zu beteiligen. Dies kann nicht nur zu kostengünstigeren Angeboten führen, sondern auch innovative Lösungen hervorbringen, die der Kommune zugutekommen. Zudem stärkt das Vergaberecht durch seine Transparenz das Vertrauen der Öffentlichkeit in die Verwaltung und bietet Ihnen als Bürgermeister die Gelegenheit, durch strategische Ausschreibungen nachhaltige und langfristige Vorteile für Ihre Kommune zu erzielen.

Rahmenbedingungen als Grundlage für Ihr Handeln

Diese rechtlichen und politischen Rahmenbedingungen bestimmen, wie die Verwaltung agiert und wie Entscheidungen getroffen werden. Für Sie als Bürgermeister bedeutet dies, dass Ihre Handlungsspielräume klar umrissen sind und Sie Ihre Vorhaben stets im Einklang mit diesen Rahmenbedingungen entwickeln müssen. Ein tiefes Verständnis für diese Aspekte wird Ihnen helfen, realistische Ziele zu setzen und wirksame Entscheidungen zu treffen.

Haushaltsplan

Der Haushaltsplan ist eine der wesentlichen Rahmenbedingungen der Kommunalverwaltung und bildet die finanzielle Grundlage für alle Aktivitäten der Kommune. Vergleichbar mit einem Wirtschaftsplan in der Privatwirtschaft wird darin festgelegt, wie viel Geld für welche Aufgaben und Projekte zur Verfügung steht. In der Regel umfasst der Haushaltsplan mehrere hundert bis tausend Seiten, auf denen die finanziellen Rahmenbedingungen detailliert dargestellt werden.

Was ein Haushaltsplan enthalten muss, ist gesetzlich geregelt, beispielsweise in der Gemeindehaushaltsverordnung. Er muss unter anderem einen Ergebnisplan, einen Finanzplan, Teilpläne, einen Stellenplan und andere zentrale Elemente enthalten. Diese detaillierten Aufstellungen geben Aufschluss über die mittelfristige Finanzplanung, die Verteilung der finanziellen Mittel auf die verschiedenen Verwaltungsbereiche und die geplanten Investitionen.

Der Haushaltsplan wird in einem umfangreichen Planungsprozess erstellt, der mehrere Monate in Anspruch nimmt. Die Verwaltung bereitet den Entwurf vor und die politischen Gremien beraten und beschließen darüber. Insbesondere in Zeiten knapper finanzieller Mittel kann der Planungsprozess langwierig und von intensiven Verhandlungen geprägt sein.

Praxisbeispiel: Neugestaltung des Trauzimmers

Um Ihnen die Komplexität kommunalpolitischer Vorhaben zu verdeutlichen, betrachten wir gemeinsam das Beispiel der Neuausstattung des Trauzimmers in einem Standesamt (► Abb. 3). Dabei müssen nicht nur die haushaltsrechtlichen Abläufe berücksichtigt werden, sondern auch das Vergabeverfahren, das je nach Auftragsvolumen gesetzlich vorgeschrieben ist und zusätzliche Zeit in Anspruch nimmt:

Auf Basis wiederholter Hinweise von Bürgerinnen und Bürgern stellt die zuständige Abteilung im April fest, dass das bestehende Trauzimmer nicht mehr den Erwartungen entspricht und modernisiert werden soll. Damit startet die erste Phase, die Planung und Vorbereitung. In dieser Phase werden erste Überlegungen zur Neugestaltung angestoßen und die konkreten Bedarfe definiert.

Im Mai beginnt in der Verwaltung der Haushaltsplanungsprozess für das kommende Jahr. Alle Abteilungen der Verwaltung erhalten von der Finanzabteilung die Aufforderung, ihre Bedarfe bis Juni mitzuteilen, damit diese in den Haushaltsentwurf einfließen können. Das Standesamt folgt dieser Aufforderung und meldet die Neuausstattung des Trauzimmers als konkreten Finanzposten für den Haushalt des kommenden Jahres an. Auf Grundlage der Rückmeldungen der verschiedenen Abteilungen wird im Juli ein erster Haushaltsplanentwurf von der Finanzabteilung erstellt. Die Abteilung konsolidiert dabei alle Anmeldungen und prüft sie auf Plausibilität, Schwerpunkte und verfügbaren Spielraum. Bereits hier wird ersichtlich, ob das Vorhaben aus Sicht der Verwaltung finanzierbar und priorisierbar erscheint – oder ob es möglicherweise verschoben werden muss.

Im August erfolgt die Freigabe des bis dahin internen Haushaltsplanentwurfs durch den Bürgermeister. Damit ist der Entwurf formal beschlussreif und kann zur politischen Beratung in die Gremien gegeben werden. Damit endet die erste Phase und die zweite Phase beginnt: die politische und rechtliche Beratung.

Die politische Beratung startet im September in den Fachausschüssen. Dabei kann es zu Rückfragen, Verschiebungen oder Priorisierungsdiskussionen kommen – auch kleinere Projekte wie ein neues Trauzimmer müssen sich hier gegenüber anderen Maßnahmen behaupten. Nach Abschluss der Ausschussberatungen in verschiedenen Sitzungen fasst schließlich im Oktober die Gemeindevertretung offiziell ihren Beschluss. Nach dem politischen Beschluss ist der Haushalt allerdings noch nicht automatisch gültig: In vielen Bundesländern – so auch in Schleswig-Holstein – bedarf der Haushaltsplan unter bestimmten Voraussetzungen der Genehmigung durch die Kommunalaufsicht. Diese erfolgt im November, sodass mit der amtlichen Bekanntmachung im Dezember schließlich die haushaltsrechtliche Grundlage für das Folgejahr gegeben ist.

Im Januar des neuen Jahres sind alle Voraussetzungen geschaffen, um in die dritte Phase zu starten: die Umsetzung und Vergabe. Da es sich um eine Beschaffungsmaßnahme handelt, muss zunächst das Vergabeverfahren vorbereitet werden. Je nach Umfang und Kostenrahmen gelten dabei unterschiedliche rechtliche Vorgaben. Nach Abschluss der Vorbereitungen kann das Vergabeverfahren im Zeitraum Februar bis März ordnungsgemäß durchgeführt werden – etwa durch Einholung mehrerer Vergleichsangebote oder eine förmliche Ausschreibung. Sobald die Auswahl und das Vergabeverfahren abgeschlossen ist, kann die neue Ausstattung im April bei einem Lieferanten bestellt werden. In

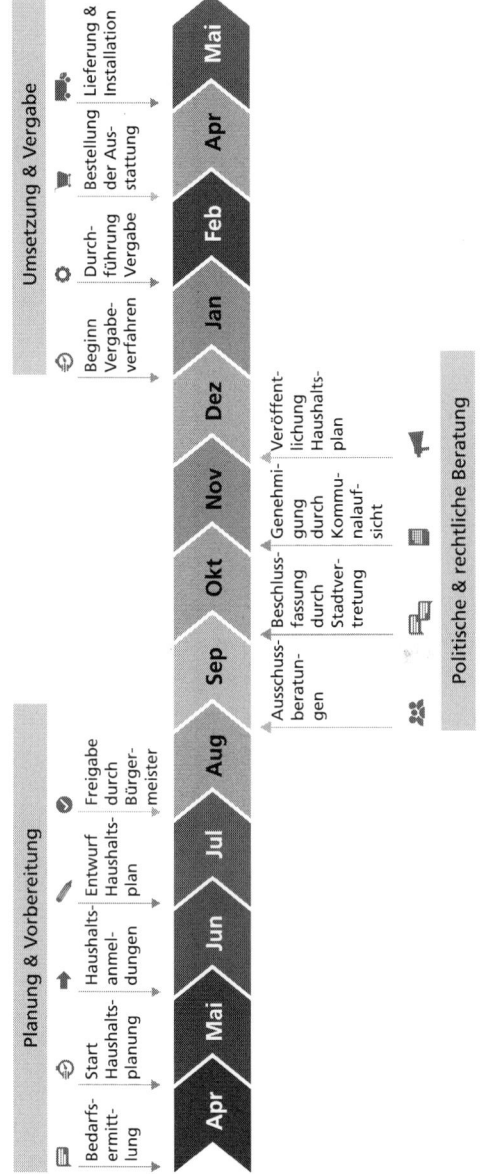

Abb. 3: Der kommunalpolitische Prozess am Beispiel der Neugestaltung eines Trauzimmers.

Abhängigkeit der Lieferzeiten erfolgt die Lieferung und Installation der Neuausstattung anschließend im Mai.

Wie Sie anhand dieser vereinfachten Darstellung sehen, benötigt die Neuausstattung einer Räumlichkeit schnell ein Jahr Vorlaufzeit. Obwohl keine komplexen Vorplanungen anzustoßen und finanzielle Mittel für die Vorplanung einzuwerben, keine Arbeitskreise mit beteiligten Stakeholdern durchzuführen oder verschiedene Fachausschüsse zu beteiligen sind, dauert es rund acht Monate, bis überhaupt die grundlegenden finanziellen und politischen Rahmenbedingungen geschaffen sind.

Neben den politischen Beratungen und Haushaltsbeschlüssen ist insbesondere das Vergabeverfahren ein zusätzlicher, oft unterschätzter Zeitfaktor. Rund zwei Monate sollten für diesen Prozess eingeplant werden, abhängig von der Komplexität und dem Ausschreibungsverfahren.

Selbstverständlich sollte die Neuausstattung von Räumlichkeiten regelmäßig erfolgen, sodass ein solcher Fall gegebenenfalls auch bereits im laufenden Jahr aus dem laufenden Haushalt finanziert werden kann. Aber bei allen neuen Anforderungen, mit denen Ihre Verwaltung zu Genüge konfrontiert sein wird, ist voraussichtlich der oben dargestellte Prozess zu durchlaufen. Da der Haushaltsplan grundsätzlich für einen Zeitraum von einem Jahr aufgestellt wird, wiederholt sich der gesamte Prozess jährlich.

Ich empfehle Ihnen ausdrücklich, sich mit den hier erläuterten Rahmenbedingungen eingehend auseinanderzusetzen und diese in Ihrer täglichen Arbeit zu berücksichtigen. Beginnen Sie im Rahmen Ihrer inhaltlichen Einarbeitung bereits in den ersten Wochen Ihrer Amtszeit gezielt damit. Tiefergehende Fragen zu der Haushaltssituation und dem Haushaltsplanungsprozess wird Ihnen Ihr zuständiger Finanzbereich beantworten können.

5.4   Organisatorisches: Vertiefung der persönlichen Arbeitsstrukturen

Nachdem wir uns gemeinsam dem weiteren Beziehungsaufbau sowie der inhaltlichen Einarbeitung gewidmet haben, möchte ich Ihnen auch einige weitere, vertiefende Empfehlungen im Bereich der Organisation geben, die Sie in Ihrer Amtsausübung unterstützen.

Als Bürgermeister und oberste Verwaltungsleitung sollten Sie Ihre tägliche Arbeitszeit möglichst sinnvoll investieren. Ihre Zeitanteile sollten Sie also möglichst lohnend im Sinne Ihre Kommune einsetzen. Positive Effekte für Ihre Kommune und Verwaltung wirken sich in der Regel auch vorteilhaft auf Ihre Karriere aus – und mindestens natürlich auf die Aussichten einer Wiederwahl zum Ende Ihrer Amtszeit. Um den Ertrag Ihrer Arbeitszeit zu maximieren, ist es erforderlich, dass Sie sich bestmöglich organisieren und die internen Abläufe stetig verbessern. Nur so wird es Ihnen möglich sein, den Überblick und die Kontrolle über die vielfältigen komplexen Themen der Kommune und Ihrer Verwaltung zu erlangen.

Persönliche Assistenz

Neben der bereits beschriebenen administrativen Unterstützung bei klassischen Sekretariatsaufgaben wie Terminkoordination oder Reisekoordination durch Ihr Vorzimmer ist eine inhaltlich arbeitende, fachliche Unterstützung wichtig, die beispielsweise bei strategischer Planung oder der Vorbereitung von Entscheidungsprozessen hilft. Das gilt insbesondere für größere Kommunalverwaltungen. Diese Form der Unterstützung kann beispielsweise durch eine persönliche Assistenz oder eine Büroleitung erfolgen. Die Vielzahl und Komplexität Ihrer Aufgaben wird es Ihnen nicht erlauben, jedes einzelne an Sie herangetragene Thema vollständig vor- und nachzubereiten oder Ihre Entscheidungen zu dokumentieren. Solche unterstützenden Tätigkeiten können Sie hervorragend an eine persönliche Assistenz delegieren.

In der Praxis zeigt sich, dass diese Form der Unterstützung idealerweise durch eine andere Person erfolgt als jene, die klassische Sekretariatsaufgaben erledigt. Der Grund liegt unter anderem in der tariflichen Eingruppierung: Während administrative Tätigkeiten regelmäßig niedriger vergütet werden, ist die inhaltliche Assistenz häufig in einer höheren Entgeltgruppe angesiedelt. Es handelt sich in der Regel um eine höherwertige Stelle, die eine langjährige Erfahrung und hervorragende Kommunikationsfähigkeiten erfordert. Diese Unterscheidung sollte sich auch in der Praxis widerspiegeln.

In kleineren Verwaltungen kann es jedoch auch vorkommen, dass administrative und inhaltliche Aufgaben in Personalunion ausgeübt werden. In diesem Fall ist es besonders wichtig, die verschiedenen Rollen und Erwartungen klar zu definieren und organisatorisch voneinander zu trennen. So wird vermieden, dass Zuständigkeiten verschwimmen oder Aufgabenbereiche unklar werden.

Ihre inhaltliche Assistenz kann Sie auch unterstützen, indem sie Ihre anstehenden Aufgaben und Termine klar priorisiert. Sie erkennt etwaige Risiken und Auswirkungen, kommuniziert diese entsprechend und hilft Ihnen proaktiv bei der Steuerung der Themen.

Haben Sie zum Beispiel in Ihrer regelmäßigen Besprechung mit Ihrer Fachbereichsleitung vereinbart, dass Sie einen Bericht über die Personalentwicklung des ersten Quartals erhalten, kann Ihre Assistenz die vereinbarte Zulieferung dokumentieren und, falls notwendig, weiterverfolgen. In Abhängigkeit des voraussichtlichen Umfanges des Berichts und ihrer Erfahrung, lässt Ihre Assistenz über das Vorzimmer dann beispielsweise ein halbstündiges Zeitfenster für die Sichtung des Berichts einplanen. Auch erkennt Sie den inhaltlichen Zusammenhang zur nächsten Besprechung mit dem Personalratsvorsitzenden, die strategisch nach Ihrer Durchsicht des Berichtes geplant wird, damit Sie für diese Besprechung entsprechend vorbereitet sein und die Erkenntnisse aus dem Personalbericht nutzen können.

Sie sehen anhand dieses Beispiels, wie nützlich eine gute Assistenz für Sie sein kann. Ich empfehle Ihnen ausdrücklich, Ihre internen Abläufe so zu gestalten, dass Sie eine derartige Unterstützung sicherstellen können. Eine persönliche Assistenz wird Sie erheblich in Ihrem Handeln unterstützen und dafür sorgen, dass Sie Ihre Zeit auf die wesentlichen Themen und Tätigkeiten mit Mehrwert ausrichten können.

Entscheidungsvorlagen

Ein weiterer Schritt zu effizienten Entscheidungsprozessen ist die Etablierung von Entscheidungsvorlagen. In Ihrem Berufsalltag werden Sie mit sehr vielen Entscheidungen konfrontiert sein, die von Ihren Mitarbeitern schriftlich vorbereitet und in einem Vermerk zusammengefasst werden. Auch die politischen Entscheidungsträger in den unterschiedlichen Gremien erhalten regelmäßig umfangreiche (Beschluss-)Vorlagen, um auf dieser Basis eine Entscheidung zu treffen.

Aufgrund der Komplexität der Themen können derartige Vermerke schnell sehr umfangreich werden. Die Notwendigkeit, alle entscheidungsrelevanten Informationen und Abhängigkeiten festzuhalten, führt dazu, dass sich der Umfang beispielsweise eines Vermerk zur Errichtung einer neuen Kindertagesstätte inklusive Standortauswahl schnell im höheren zweistelligen Seitenzahlbereichen bewegt. Um trotz des notwendigen (ausführlichen) Informationsgehaltes einen effizienten Entscheidungsprozess zu gewährleisten, sollten Sie von Ihren Mitarbeitern regelmäßig Zusammenfassungen in Form eines Management-Summary einfordern.

Ein Management-Summary fasst die wesentlichsten Informationen zusammen und verdeutlicht die Entscheidungsempfehlung. Es enthält keine tiefergreifenden Details und folgt dem Ansatz »So wenige Details wie möglich, so viele Informationen wie nötig«. Auch ohne inhaltliche Kenntnisse muss die Zusammenfassung logisch und leicht zu verstehen sein. Eine übersichtliche Gestaltung mit Stichpunkten oder Grafiken kann nützlich sein. In Abhängigkeit der Themenkomplexität kann die Zusammenfassung in der Länge variieren. Sie sollte jedoch eine DIN-A4-Seite möglichst nicht überschreiten.

Sofern es in Ihrer Verwaltung noch kein einheitliches Verständnis für ein Management-Summary gibt, können Sie als ein erstes Ziel mit Ihren Führungskräften vereinbaren, ein solches gemeinsam zu entwickeln und das Instrument »Management-Summary« in Zukunft anzuwenden. Das trägt dazu bei, dass Sie und Ihre Führungskräfte sich mit dieser Vorgehensweise identifizieren und diese einhalten. Die Entwicklung eines gemeinsamen Verständnisses kann beispielsweise im Rahmen eines Workshops mit Ihren Führungskräften erfolgen, in dem Sie sich gemeinsamen zu übergreifenden Themen der Zusammenarbeit verständigen.

Posteingang

Als Bürgermeister sind Sie mit zahlreichen Aufgaben und Verantwortlichkeiten betraut, darunter auch mit der effizienten Verwaltung des täglichen Posteingangs in Ihrer Kommunalverwaltung. Ein effizienter Posteingangsprozess ist von entscheidender Bedeutung, um sicherzustellen, dass wichtige Informationen und Anliegen zeitnah bearbeitet werden. Unnötige Verzögerungen könnten sich negativ auf Ihre Kommune auswirken.

Es ist wichtig zu betonen, dass Sie als Bürgermeister nicht persönlich jede eingehende Post zur Kenntnis nehmen oder gar bearbeiten können. Dies ist spätestens bei größeren Kommunalverwaltungen nicht möglich und würde die Wahrnehmung von prioritären Aufgaben sowie die Effizienz der Verwaltung beeinträchtigen. Stattdessen ist es essenziell, dass die Führungskräfte der verschiedenen Fachbereiche die Verantwortung für ihre jeweiligen Themen übernehmen und Sie nur bei wichtigen Angelegenheiten aktiv einbinden.

Um einen effizienten Posteingangsprozess zu gewährleisten, sollten daher klare Zuständigkeiten und Abläufe festgelegt werden. Es liegt in Ihrer Verantwortung, die Rahmenbedingungen für einen reibungslosen Prozess zu schaffen und sicherzustellen, dass die entsprechenden Ressourcen zur Verfügung stehen. Dies umfasst die Festlegung klarer Richtlinien und Verfahrensabläufe, die innerhalb der Verwaltung einheitlich angewendet werden. Eine wichtige Rolle spielen dabei die Führungskräfte in den verschiedenen Abteilungen und Bereichen Ihrer Verwaltung. Sie sind dafür verantwortlich, sicherzustellen, dass die eingehende Post in ihren jeweiligen Zuständigkeitsbereichen ordnungsgemäß bearbeitet wird. Dies beinhaltet die Zuweisung von Aufgaben an die entsprechenden Mitarbeiter, die Überwachung der Bearbeitungsfristen und die Eskalation von dringenden Angelegenheiten an Sie als Bürgermeister.

Lassen Sie uns den gesamten Posteingangsprozess am Beispiel einer Beschwerde eines Bürgers über den Zustand seiner Anwohnerstraße gemeinsam ansehen. Die schriftliche Beschwerde geht in der Verwaltung über den zentralen Posteingang ein. Hierbei handelt es sich in der Regel um ein separates Team der zentralen Poststelle oder im Vorzimmer, das die eingehende Post öffnet und innerhalb der Verwaltung an den jeweiligen Zuständigkeitsbereich verteilt. Vom zentralen Posteingang gelangt das Schreiben in die zuständige Abteilung für Straßenbau und Verkehr. Dort wird die Beschwerde geprüft und die erforderlichen Maßnahmen zur Behebung des Problems werden eingeleitet. Die Führungskraft dieser Abteilung überwacht den Fortschritt und informiert den entsprechenden Vorgesetzten (z. B. Fachdienstleistung) regelmäßig über den Stand der Dinge. Bei dringenden Angelegenheiten wie einer akuten Gefährdung der Verkehrssicherheit wird die Beschwerde umgehend an die zuständige Fachdienst-/Fachbereichsleitung eskaliert, damit schnell gehandelt werden kann. In Abhängigkeit der Dringlichkeit oder etwaigen Auswirkungen auf die Verkehrssicherheit der gesamten

Kommune bindet die Fachbereichsleitung in einem solchen Fall Sie als Bürgermeister in den Prozess mit ein.

Ein professionell organisierter Posteingang ist nicht nur eine Frage der Effizienz, sondern auch ein Ausdruck Ihrer Führungskultur. Als Bürgermeister setzen Sie durch klare Strukturen und eine offene Kommunikation den Rahmen dafür, dass Anliegen der Bürger zeitnah und zuverlässig bearbeitet werden. Dies trägt zur Transparenz der Verwaltung bei und stärkt das Vertrauen in Ihre Amtsführung. Ein gut funktionierendes System sorgt zudem dafür, dass dringende Themen frühzeitig erkannt und verwaltungsintern koordiniert werden, ohne dass Prozesse ins Stocken geraten.

Durch klare Zuständigkeiten, effektive Kommunikation und eine durchdachte Ressourcenzuteilung stellen Sie sicher, dass die Anliegen der Bürger nicht nur formal abgearbeitet, sondern tatsächlich ernst genommen und nachhaltig gelöst werden.

Sitzungsbegleitung

Die Sitzungen der kommunalpolitischen Gremien sind von entscheidender Bedeutung für die Entwicklung Ihrer Kommune. Als Bürgermeister kommt Ihnen dabei eine zentrale Rolle zu – nicht als stimmberechtigter Entscheider, sondern als aktiver Impulsgeber und Vertreter der Verwaltung. Sie bringen Verwaltungspositionen ein, stellen Entscheidungsgrundlagen bereit und begleiten die Beratungen inhaltlich. Die eigentlichen Beschlüsse trifft die Gemeindevertretung im Rahmen des förmlichen Abstimmungsverfahrens.

Wichtige Themen werden als formelle Tagesordnungspunkte behandelt. In der Regel erfolgt eine Einführung zum aktuellen Beratungsstand und den vorherigen Empfehlungen der (Fach-)Ausschüsse. Außerdem haben die Fraktionen, aber auch Sie als Verwaltung die Möglichkeit, Hinweise zu geben, um die Politik bei ihrer Entscheidungsfindung zu unterstützen. Sie können beispielsweise Ihre schriftliche Beschlussempfehlung nochmals mündlich einbringen und dabei verstärkt die Hintergründe Ihrer Empfehlung schildern.

Eine Sitzungsbegleitung durch die Verwaltung ist daher ausdrücklich empfehlenswert. Dafür sollten Sie sich mit Ihren Führungskräften gezielt abstimmen. Wer nimmt neben Ihnen an welcher Sitzung teil, wer erläutert die wesentlichen Inhalte der Beschlussvorlage und kann auf Nachfragen aus der Politik reagieren? Das Ziel dieser Abstimmung sollte sein, dass die Themen durch die Verwaltung inhaltlich kompetent vertreten werden.

Aufgrund der Vielfalt und Anzahl der Themen wird es Ihnen nicht möglich sein, sich in alle Details einzuarbeiten. Setzen Sie daher auf die Expertise Ihrer Führungskräfte und beziehen Sie diese in die Begleitung der Sitzungen mit ein. Bei spezifischen Themen kann es auch zielführend sein, neben der zuständigen Fachbereichsleitung die verantwortliche Fachdienstleitung zur Sitzung hinzuzuziehen. Delegieren Sie die spezifischen Themen an Ihre Führungskräfte. Als Bürgermeister können Sie sich so auf die strategischen Aspekte fokussieren und Ihre Führungskräfte bei Bedarf unterstützen.

Mit fortschreitender Amtszeit und Zusammenarbeit wird sich ein gemeinsames Verständnis entwickeln, wer welche Themen in welcher Form gegenüber der Politik vertritt und auf Fragen reagiert. Innerhalb des ersten Monats empfiehlt es sich dagegen, sich eng mit Ihren Führungskräften abzustimmen. Nehmen Sie dafür die Tagesordnungen zur Hand und klären Sie für Ihre ersten gemeinsamen Sitzungen konkret, wer welchen Beitrag leistet. Je besser Ihre interne Abstimmung ist, desto stärker werden Sie als Verwaltung wahrgenommen und können die Politik gemeinsam beraten.

Abwesenheitsplanung und Sitzungskoordination
Eine frühzeitige Planung Ihrer Abwesenheiten ist essenziell, um Ihre Aufgaben als Bürgermeister effektiv wahrzunehmen und die Kontinuität der Verwaltungsarbeit sicherzustellen. Aufgrund Ihrer regelmäßigen

Teilnahme an kommunalpolitischen Sitzungen sollten Sie Ihre Urlaubsplanung und die politische Sitzungsplanung aufeinander abstimmen. Lassen Sie sich dabei von Ihrem Vorzimmer oder dem Gremiendienst unterstützen. Der Sitzungskalender sollte spätestens zum Ende des Jahres aufgestellt und an die politischen Vertreter kommuniziert worden sein, um den ehrenamtlich tätigen Mitgliedern einen ausreichenden Vorlauf zu ermöglichen. In der Regel werden die Sitzungstermine initial von Ihrer Verwaltung als Vorschlag an die Fraktionsvorsitzenden geschickt, diskutiert und schließlich festgelegt. Es ist daher ratsam, bereits beim Vorschlag der neuen Sitzungstermine für das Folgejahr einen Abgleich mit Ihrer persönlichen Urlaubsplanung vorzunehmen.

Zu berücksichtigen ist, dass auch die ehrenamtlich tätigen Kommunalpolitiker gerne Feiertage, Brückentage sowie Schulferien- und Urlaubszeiten für ihren Urlaub nutzen. Entsprechend eignen sich diese Zeiträume weniger für Sitzungen und können für Ihre eigene Abwesenheit genutzt werden.

Eine weitere Besonderheit ergibt sich durch die Haushaltsberatungen. Jedes Jahr um dieselbe Zeit wird der Haushaltsplan für das kommende Jahr aufgestellt und beschlossen. Der Prozess ist mit intensiven Beratungen und mehreren Sitzungsterminen verbunden, die in der Regel im späten Herbst beginnen und bis Ende November abgeschlossen sein sollten. Es empfiehlt sich daher, in dieser Zeit keine längeren Abwesenheiten zu planen, um als Bürgermeister im Beratungs- und Genehmigungsprozess bestmöglich mitwirken zu können.

Vertretungsregelungen

Während Ihrer Abwesenheit werden Sie durch einen stellvertretenden Bürgermeister vertreten, der gemäß den gesetzlichen Regelungen aus den Reihen der Gemeindevertretung gewählt wird. In Schleswig-Holstein beispielsweise können bis zu drei stellvertretende Bürgermeister gewählt werden, wobei die Reihenfolge der Stellvertretung durch die Reihenfolge der Wahl festgelegt ist. Im Verhinderungsfall übernimmt jeweils der zuerst gewählte Stellvertreter. Ist auch dieser verhindert, tritt der nächste in der festgelegten Reihenfolge ein. Diese Regelung gilt nicht nur für Schleswig-Holstein, sondern findet in ähnlicher Form auch in anderen Bundesländern Anwendung, wobei die genaue Anzahl und die Modalitäten je nach Landesgesetz variieren können.

Um einen reibungslosen Ablauf der kommunalen Geschäfte zu gewährleisten, erfolgt in der Regel zusätzlich eine verwaltungsseitige Vertretung durch eine Ihrer direkten Führungskräfte. Beispielsweise kann Ihre Büroleitung oder eine Fachbereichsleitung vertretungsweise die Steuerung der Verwaltung übernehmen und den stellvertretenden Bürgermeister unterstützen, der die gesetzliche Vertretung wahrnimmt. Diese Aufteilung zwischen der politischen und der verwaltungstechnischen Vertretung ist gängige Praxis. Der stellvertretende Bürgermeister verfügt als ehrenamtlicher Gemeindevertreter in der Regel nicht über die zeitlichen Kapazitäten oder die spezifischen verwaltungstechnischen Erfahrungen, um eine vollumfängliche Vertretung sicherzustellen. Daher ist die enge Zusammenarbeit mit einer Führungskraft aus der Verwaltung entscheidend.

Repräsentation

Als Bürgermeister tragen Sie nicht nur die Verantwortung für die effektive Leitung der Verwaltung, sondern sind auch der oberster Repräsentant der Kommune. Eine angemessene Repräsentation ist von großer Bedeutung, um das Image der Kommune zu stärken und eine gute Wahrnehmung sowohl intern als auch extern zu fördern. Und natürlich ist die öffentliche Sichtbarkeit nicht nur wichtig für das Ansehen der Kommune, sondern auch für Ihren eigenen Erfolg und eine mögliche Wiederwahl durch die Einwohner. Ein aktiver und präsenter Bürgermeister, der sich für die Belange der Bürger engagiert einsetzt, schafft Vertrauen und positive Resonanz, was sich förderlich auf seine Wiederwahlchancen auswirkt.

Jedoch birgt die Doppelrolle des Bürgermeisters als Verwaltungsleiter und Repräsentant der Kommune einen Zeitkonflikt. Die umfangreichen repräsentativen Aufgaben können zu einer Überlastung führen und die Effizienz bei der Verwaltungsarbeit beeinträchtigen. Um diesem Zeitkonflikt entgegenzuwirken und die Effektivität der Verwaltung zu gewährleisten, ist es ratsam, bei den repräsentativen Aufgaben verstärkt auch die Politik bzw. stellvertretende Bürgermeister einzubinden.

Der Vorsitzende des Gemeinderats oder der Stadtvertretung kann dabei eine wichtige Rolle spielen. Als Träger eines vom politischen Gremium ernannten Ehrenamts kann der Vorsitzende Repräsentationspflichten übernehmen und Sie entlasten, sodass Sie sich vermehrt auf die Leitung der Verwaltung konzentrieren können. Gehen Sie hierfür in den Dialog mit dem Vorsitzenden und stimmen Sie sich bezüglich einer Aufgabenteilung ab. Indem Sie die Aufgaben zwischen Verwaltung und Politik gemeinsam klar verteilen und Sie sich auf Ihre Rolle als Verwaltungsleitung fokussieren, können Sie effizienter arbeiten und die Kommune erfolgreich führen. Das schafft nicht nur eine ausgewogene Arbeitsbelastung, sondern trägt auch dazu bei, dass die Bedürfnisse der Bürger effektiv erfüllt werden und die Kommune sich positiv weiterentwickelt.

Zusammenfassung

In diesem Kapitel haben Sie gelernt, wie Sie auf dem Fundament der ersten Woche aufbauen und den Rahmen Ihrer Amtsführung gezielt abstecken. Sie haben erfahren, wie Sie zentrale Beziehungen vertiefen und zusätzliche Akteure gezielt einbinden – von Führungskräften über politische Entscheidungsträger bis hin zu externen Partnern.

Darüber hinaus stand Ihre Rolle als Führungskraft im Mittelpunkt: Wie Sie Vertrauen und Motivation fördern, klare Strukturen schaffen und durch eine konstruktive Besprechungskultur sowie gezielte Delegation die Effizienz Ihrer Verwaltung steigern. Auch die vertiefte Einarbeitung in politische Gremien, Entscheidungslogiken und organisatorische Abläufe wurde behandelt – stets mit dem Ziel, Ihre strategische Handlungsfähigkeit zu stärken.

Indem Sie im ersten Monat gezielt Beziehungen, Führungsarbeit und inhaltliche Orientierung weiterentwickeln, legen Sie eine wichtige Grundlage für wirksames und vorausschauendes Handeln in Ihrer neuen Rolle als Bürgermeister. Mit diesem klar gesetzten Rahmen sind Sie nun bereit, in den kommenden Wochen strategisch Akzente zu setzen und die Gestaltungsphase Ihrer Amtszeit einzuleiten.

6
Die folgenden Monate:
Nachhaltige Impulse setzen

Nachdem Sie sich die ersten Wochen Ihrer Amtszeit auf die Schaffung eines stabilen Fundaments und strategischen Rahmens konzentriert haben, gilt es in den folgenden Monaten, nachhaltige Impulse zu setzen.

Durch Ihren gezielten Beziehungsaufbau haben Sie viele wichtige, persönliche Kontakte zu Ihren Kollegen und Stakeholdern aufgebaut. Wir werden uns in diesem Kapitel anschauen, wie Sie diese Beziehungen durch eine gezielte Pflege in tiefergehende Verbindungen entwickeln können. Zudem erhalten Sie von mir einen Impuls zum Thema Business-Coaching, einer Möglichkeit, sich durch externe Begleitung in Ihrem Wirken unterstützen zu lassen und weiterzuentwickeln. Im Abschnitt Außenwirkung möchte ich Ihnen verschiedene Ratschläge an die Hand geben, die Ihnen in der nachhaltigen Impulssetzung in der Einwohnerschaft helfen und dazu beitragen, dass Sie für Ihre Wählerschaft auch nach erfolgreichem Abschluss des Wahlkampfes sichtbar bleiben. In diesem Zusammenhang nähern wir uns erstmalig auch dem spannenden Themenbereich der strategischen Steuerung, die unerlässlich ist für ein nachhaltiges Handeln.

6.1   Beziehungspflege

Nachdem Sie in den ersten Wochen Ihrer Amtszeit gezielt in den Beziehungsaufbau investiert haben, umgeben Sie sich nun mit einem Netzwerk von Kollegen und Stakeholdern, das Ihnen helfen wird, nachhaltige Veränderungen in Ihrer Kommune voranzutreiben. Doch wer gehört zu diesem künftig zu pflegenden Netzwerk? Und wie pflegen Sie diese Beziehungen, um sie zu vertiefen und langfristig zu festigen?

In den vorherigen Kapiteln haben wir uns auf einige Personenkreise besonders fokussiert. Dazu zählten unter anderem die Führungskräfte Ihrer Verwaltung, Ihre Belegschaft, die Fraktionsvorsitzenden aus der Kommunalpolitik sowie auch Landrat oder Bürgermeister der Nachbarkommunen. Nicht ohne Grund habe ich Ihnen empfohlen, sich zunächst auf diese Personenkreise zu konzentrieren und eine Beziehung zu ihnen aufzubauen. Wie Sie gelernt haben, sind diese Personen wichtig für Sie und die Entwicklung Ihrer Kommune. Die so aufgebauten Beziehungen gilt es auch künftig zu pflegen und zu erweitern.

Der Kontakt zu einem Geschäftsführer eines großen gewerbesteuerzahlenden Unternehmens oder zu einem besonders gut vernetzten Vereinsvorsitzenden kann beispielweise sinnvoll sein, um wirtschaftliche Entwicklungen oder gesellschaftliche Bedarfe in Ihrer Kommune frühzeitiger zu erkennen. Vielleicht ist es aber auch der Vorsitzende des Hauptausschusses, der bei kontroversen Diskussionen gekonnt zwischen den verschiedenen Fraktionen und Interessenslagen vermitteln kann. Hier kommt es auf Ihre individuelle Einschätzung vor Ort an. Nehmen Sie sich die Zeit, um Ihr Netzwerk für die künftige Beziehungspflege bewusst auszuwählen. Bei Bedarf können Sie sich auch von Ihren Kollegen beraten lassen oder sich externer Beratung bedienen. Auch wenn Sie für den Beziehungsaufbau gezielt Prioritäten setzen, gilt weiterhin: Die in den vorherigen Kapitel dargestellten Regeln zur Neutralität und Gleichbehandlung bleiben Maßstab für Ihr Verwaltungshandeln. Strategische Netzwerkpflege bedeutet dabei nicht Bevorzugung – sondern eine bewusste Entscheidung, mit wem Sie in bestimmten Fragen frühzeitig den Austausch suchen.

Ein Beispiel: Wenn Sie mit dem Geschäftsführer eines Unternehmens in engem Austausch stehen, heißt das nicht, dass Sie ihn in etwaigen Verwaltungsverfahren bevorzugen. Vielmehr können Sie durch den persönlichen Kontakt frühzeitig Hinweise auf bevorstehende Investitionen oder Standortbedarfe erhalten – Informationen, die auch für eine rechtzeitige Flächenentwicklung oder Infrastrukturplanung wichtig sind. Parallel dazu sorgen Sie dafür, dass andere Unternehmen ebenfalls Zugang zu Ansprechpersonen in der Verwaltung haben und gleichbehandelt werden, wenn es um Entscheidungen in Genehmigungs- oder Förderverfahren geht. So verbinden Sie gezielte Netzwerkpflege mit Neutralität und Gleichbehandlung.

Ein wichtiger Bestandteil Ihrer Netzwerkstrategie sind die kommunalen Spitzenverbände wie der Städtetag, der Gemeindebund und der Städte- und Gemeindetag. Diese Verbände vertreten die Interessen der Kommunen auf Landes- und Bundesebene und bieten Ihnen Zugang zu wertvollen Netzwerken, fachlichem Austausch und politischen Entscheidungsprozessen. Nutzen Sie diese Plattformen aktiv, um Ihre Kommune überregional zu positionieren und von Best-Practice-Beispielen anderer Städte und Gemeinden zu profitieren.

Nach der Auswahl der Netzwerkmitglieder, geht es um die Frage, wie Sie eine aktive Beziehungspflege umsetzen können. Ein zentraler Aspekt der Beziehungspflege ist die regelmäßige Interaktion. Planen Sie bewusst Zeit für persönliche Gespräche und Treffen ein. Dabei kann es sich um informelle Mittagessen, offizielle Besprechungen oder Veranstaltungen handeln. Durch regelmäßige Interaktion bleiben Sie nicht nur auf dem Laufenden über aktuelle Entwicklungen und Anliegen, sondern stärken auch das Vertrauen und die Verbundenheit innerhalb Ihres Netzwerks.

Das Zuhören spielt eine entscheidende Rolle. Nehmen Sie sich Zeit, Ihren Gesprächspartnern aktiv zuzuhören und ihre Anliegen zu verstehen. Zeigen Sie Interesse an ihren Ideen und Meinungen und nehmen Sie ihre Rückmeldungen ernst. Durch das Zuhören gewinnen Sie nicht nur wertvolle Einblicke, sondern stärken auch das Vertrauen und die Wertschätzung Ihrer Kontakte.

Authentizität und Transparenz sind weitere wichtige Aspekte. Seien Sie ehrlich und offen in Ihrer Kommunikation und gehen Sie respektvoll mit Ihren Beziehungen um. Transparenz schafft Vertrauen und Glaubwürdigkeit und trägt dazu bei, langfristige und tragfähige Beziehungen aufzubauen.

Die Anerkennung und Wertschätzung, die Sie Ihren Kontakten entgegenbringen, sind ebenfalls von großer Bedeutung. Zeigen Sie Dankbarkeit für ihre Unterstützung und Zusammenarbeit, sei es durch persönliche Dankesbriefe oder Anerkennung auf öffentlichen Veranstaltungen. Indem Sie Ihre Wertschätzung zeigen, stärken Sie die Bindung zu Ihren Kontakten und motivieren diese zu weiterem Engagement.

Bürgermeistersprechstunde

Die Bürgermeistersprechstunde bietet eine hervorragende Gelegenheit für den direkten Dialog mit den Einwohnern. Es ist auch nach erfolgreichem Abschluss der Bürgermeisterwahl wichtig, in die direkte Kommunikation mit Ihrer Wählerschaft zu kommen.

Hören Sie sich die Anliegen Ihrer Wählerschaft interessiert an und lassen Sie sich konstruktives Feedback geben. Im persönlichen Dialog haben Sie die Chance, auf die Themen ausführlicher einzugehen. Erfahrungsgemäß haben Sie in diesem 1:1-Format zudem eine bessere Möglichkeit, unterschiedliche Sichtweisen aufzuarbeiten und erklären zu können. Oftmals liegt die Realisierung der Wünsche der Einwohnerschaft nicht vollumfänglich in der Verantwortung von Ihnen als Bürgermeister bzw. Ihrer Verwaltung. Die starke Abhängigkeit von den politischen Entscheidungsträgern oder rechtlichen Rahmenbedingungen lässt sich im Kontext einer Sprechstunde meistens besser an den Gesprächspartner vermitteln als in einer öffentlichen Diskussion, beispielsweise im Rahmen einer Veranstaltung oder Ausschusssitzung.

Ob Sie die Bürgermeistersprechstunde förmlich mit namentlicher und gegebenenfalls themenbezogener Anmeldung durchführen oder sehr offen gestalten, sollten Sie danach entscheiden, womit Sie sich wohler fühlen. Generell gilt: Je weniger Hürden dem Gesprächspartner gestellt werden, desto eher werden Sie in einen ehrlichen und unkomplizierten Austausch kommen. Dieser Grundsatz gilt auch bei der Auswahl des Mediums. Die Durchführung einer (zusätzlichen) Online-Sprechstunde kann einen innovativen und insbesondere für die jüngere Generationen attraktiven Ansatz darstellen. Wie wäre es beispielsweise mit einer Online-Live-Session über ein soziales Netzwerk? Oder der barrierefreien Durchführung der Sprechstunde per Telefonhotline? Auch die Durchführung einer Bürgermeistersprechstunde am Rande einer Veranstaltung stellt eine gute Möglichkeit dar. So können Sie beispielsweise auf dem örtlichen Wochenmarkt offizielle »Präsenz« mit einem Stand Ihrer Verwaltung zeigen. Neben dem offenen und lockeren Austausch mit den Besuchern des Wochenmarktes bietet dies vielleicht auch eine Möglichkeit, offene Stellen in Ihrer Verwaltung zu bewerben.

Die Optionen sind vielfältig. Egal für welche Möglichkeit Sie sich entscheiden: Achten Sie darauf, dass es zu Ihnen persönlich passt, um eine authentische Außenwirkung zu erzielen.

Betriebsfeiern

Die Durchführung einer Betriebsfeier ist eine geeignete Möglichkeit, um die Beziehungen innerhalb der Verwaltung zu stärken. Feierlichkeiten schaffen Raum für die Förderung des Teamgeistes und des Zusammengehörigkeitsgefühls.

Als Bürgermeister und oberste Führungskraft sollte es für Sie eine Selbstverständlichkeit sein, an den Feierlichkeiten der Verwaltung teilzunehmen. Neben einem »offiziellen« Teil, in dem Sie beispielsweise formell, aber auf authentische Art und Weise Ihrer Verwaltungsmannschaft Ihre Wertschätzung verdeutlichen, sollten Sie es sich zum Ziel machen, sich »unters Volk zu mischen«. Nutzen Sie die Feierlichkeiten, um in lockerer Atmosphäre Kollegen aus der Verwaltung kennenzulernen, mit denen Sie vielleicht bislang noch nicht so viele Berührungspunkte hatten. Zeigen Sie ehrliches Interesse an den Personen und brechen Sie das Eis, in dem Sie beispielsweise auf gemeinsame Hobbys tiefer eingehen, anstatt ausschließlich über dienstliche Themen zu sprechen.

Ihre Kollegen der Verwaltung werden es schätzen, ihre oberste Führungskraft an diesem Abend als »normalen« Kollegen kennenzulernen. Dies meint jedoch nicht, dass Sie komplett aus Ihrer Rolle fallen sollten. Wahren Sie die bzw. noch besser »Ihre« Form und nutzen Sie die Veranstaltung für die aktive Beziehungspflege.

6.2 Business-Coaching

Gerade in den ersten Monaten Ihrer Amtszeit kann es besonders wertvoll sein, ein Business-Coaching in Anspruch zu nehmen. Ein externer Coach bietet Ihnen die Möglichkeit, Ihren neuen Arbeitsalltag aus einer neutralen Perspektive zu betrachten, und gibt Ihnen praxisnahe Anregungen zur Optimierung Ihrer Führungsarbeit. Da der Coach nicht in die internen Strukturen und Prozesse Ihrer Verwaltung eingebunden ist, kann er unvoreingenommen auf Ihre Situation blicken und persönliche Muster erkennen.

Die Begleitung eines normalen Arbeitstages durch einen externen Coach ermöglicht es Ihnen, Ihr Führungsverhalten in der Praxis zu reflektieren. Beispielsweise kann der Coach beobachten, wie Sie Meetings leiten, Entscheidungen treffen oder mit Ihren Mitarbeitenden kommunizieren. Durch gezieltes Feedback erhalten Sie konkrete Hinweise darauf, wie Sie Ihre Kommunikation effektiver gestalten, Delegationsprozesse optimieren oder die Motivation im Team steigern können.

Ein Business-Coaching hilft Ihnen außerdem dabei, frühzeitig mögliche Herausforderungen zu identifizieren, die Ihnen im Alltag vielleicht nicht sofort auffallen. Der externe Blickwinkel eröffnet neue Perspektiven und zeigt Ihnen alternative Lösungswege auf. Dies ist besonders hilfreich, um in der Anfangsphase typische Stolpersteine zu umgehen und von Beginn an eine solide Basis für Ihre Amtsführung zu schaffen.

Die Investition in ein Business-Coaching signalisiert zudem Ihren Mitarbeitenden, dass Sie Wert auf professionelle Entwicklung legen und bereit sind, an Ihren Führungsqualitäten zu arbeiten. Dies kann das Vertrauen in Ihre Person stärken und eine Kultur der Offenheit und kontinuierlichen Verbesserung fördern. Durch die professionelle Unterstützung eines externen Coaches können Sie Ihre Führungsarbeit praxisnah optimieren und nachhaltig von den gewonnenen Erkenntnissen profitieren. So schaffen Sie von Anfang an eine stabile Basis für eine erfolgreiche Amtszeit und eine effektive Zusammenarbeit innerhalb Ihrer Verwaltung.

6.3   Außenwirkung

Als Bürgermeister haben Sie bereits einen erfolgreichen Wahlkampf absolviert und sind durch die Öffentlichkeit direkt gewählt worden. Die Bedeutung einer starken Außenwirkung und -darstellung ist Ihnen daher bereits bewusst. Aber auch nach Abschluss des Wahlprozesses sollten Sie in den folgenden Monaten besonderen Wert auf Ihre Außenwirkung legen. Eine positive Präsenz in der Öffentlichkeit fördert das Vertrauen der Bürgerinnen und Bürger und unterstützt Sie dabei, Ihre politischen Ziele effektiv umzusetzen.

Eine positive Außenwirkung kann auf verschiedenste Art und Weise gefördert werden. Gleichwohl ich Ihnen in diesem Buch keine universellen Marketingmaßnahmen vorschlagen kann, möchte ich Ihnen nachfolgend ein paar Anregungen mit auf Ihren Weg durch Ihre ersten Monate geben.

Stadtmarketing und Corporate Design

Ein einheitliches Stadtmarketing und Corporate Design spielt eine zentrale Rolle für das Erscheinungsbild Ihrer Kommune und trägt maßgeblich zu einem professionellen und wiedererkennbaren Auftritt bei. Es umfasst Elemente wie Slogan, Logo, Schriftarten, Farben und Bildsprache, die harmonisch aufeinander abgestimmt sind und eine konsistente visuelle Identität schaffen. Ein erfolgreiches Beispiel ist die Stadt Elmshorn, die mit ihrem Slogan »Elmshorn. Supernormal.« eine prägnante Stadtmarke etabliert hat. Gerade durch den scheinbar widersprüchlichen Charakter – Normalität als Besonderheit – hat die Stadt es geschafft, Aufmerksamkeit zu erzeugen und ihre Einzigartigkeit auf charmant-ironische Weise zu transportieren. Das dazugehörige, durchdachte Corporate Design unterstreicht diese Wirkung und verankert die Marke sichtbar im Stadtbild.

Die Anwendung eines Stadtmarketings bietet zahlreiche Vorteile. Es steigert den Wiedererkennungswert Ihrer Kommune, indem es sie leicht identifizierbar macht und im Gedächtnis der Bürger sowie potenzieller Besucher und Investoren verankert. Gleichzeitig vermittelt es Professionalität und Seriosität, was das Vertrauen der Menschen stärkt und das Image Ihrer Kommune positiv beeinflusst. Durch eine klare und einheitliche Gestaltung Ihrer Kommunikationsmittel fördern Sie die Kohärenz und Klarheit Ihrer Botschaften und vermeiden Verwirrung oder Missverständnisse. Volker Hatje, Oberbürgermeister von Elmshorn, erläutert im Gespräch:

>> Ein prägnantes Stadtmarketing kann polarisieren – und genau das macht es erfolgreich. Unser Slogan ›Elmshorn. Supernormal.‹ hat Diskussionen ausgelöst und sich dadurch tief in den Köpfen der Menschen verankert. Heute kennen ihn 98 Prozent der Elmshorner – ein Beleg dafür, dass Stadtmarketing dann wirkt, wenn es mutig, authentisch und konsequent kommuniziert wird.

Erfahrungsgemäß haben viele Kommunen schon angefangen, Maßnahmen zum Stadtmarketing umzusetzen. Fragen Sie daher gezielt Ihre Kollegen nach dem aktuellen Stand und lassen Sie sich die Hintergründe und Anwendung erläutern.

Sofern Ihre Verwaltung noch kein Stadtmarketing entwickelt hat, ist es wichtig, dabei auf Authentizität und Flexibilität zu achten. Ihr Marketing sollte die Identität und Werte Ihrer Kommune widerspiegeln und sich gleichzeitig flexibel an verschiedene Anwendungsgebiete und Medienformate anpassen lassen. Das kann jedoch mit hohen Kosten verbunden sein, was insbesondere für kleinere Kommunen eine große Herausforderung darstellt. Daher sollten Sie realistisch prüfen, welche Ressourcen zur Verfügung stehen und ob ein vollständiges Rebranding notwendig ist oder ob kleinere Anpassungen bereits ausreichen. In vielen Fällen können auch interne Fachkräfte oder kostengünstigere Alternativen genutzt werden, um erste Schritte in Richtung eines einheitlichen Marketings und Designs zu unternehmen.

Ein durchdachtes Stadtmarketing wirkt sich nicht nur nach außen, sondern auch intern positiv aus. Es erleichtert die interne Kommunikation und Zusammenarbeit, da alle Mitarbeitenden mit denselben Gestaltungsrichtlinien arbeiten und sich an einem einheitlichen Erscheinungsbild orientieren können. Dies fördert die Effizienz und Professionalität der Verwaltung und trägt dazu bei, ein positives Arbeitsumfeld zu schaffen.

Homepage

Eine gut gestaltete Webseite ist das digitale Aushängeschild Ihrer Kommune und spielt insbesondere in den ersten Monaten Ihrer Amtszeit eine entscheidende Rolle. Sie fungiert als zentrale Anlaufstelle für Bürgerinnen und Bürger sowie für externe Interessenten, um sich über aktuelle Entwicklungen, Dienstleistungen und Ansprechpartner zu informieren.

Für Sie als neuen Bürgermeister ist es von größter Bedeutung, von Anfang an eine professionelle und ansprechende Homepage zu haben, die Ihre Visionen, Ziele und Erfolge transparent und zugänglich präsentiert. Eine informative und benutzerfreundliche Webseite bietet Ihnen die Möglichkeit, Ihre politischen Schwerpunkte wirkungsvoll zu kommunizieren und das Vertrauen der Bürgerinnen und Bürger in Ihre Führungsqualitäten zu stärken.

Oftmals sind es bereits kleine Anpassungen, die eine große Wirkung erzielen. Die Optimierung der Startseite, eine klarere Strukturierung oder eine regelmäßig aktualisierte Rubrik mit Neuigkeiten können die Wahrnehmung erheblich verbessern und dazu beitragen, dass Ihre Kommune als modern, serviceorientiert und bürgernah wahrgenommen wird. Eine vollständige Neugestaltung ist nicht immer erforderlich – schon durch einzelne gezielte Anpassungen können Sie einen positiven Eindruck hinterlassen.

In den ersten Monaten haben Sie die Chance, durch Ihre eigene Präsentation auf der bestehenden Homepage einen positiven ersten Eindruck zu hinterlassen und das Vertrauen der Bürger in Ihre Fähigkeiten als Führungsperson zu festigen. Darüber hinaus spielt die Webseite auch eine wichtige Rolle im Hinblick auf Ihre Wiederwahlchancen. Eine gut gestaltete und informative Homepage kann dazu beitragen, dass die Bürger Sie als kompetenten und vertrauenswürdigen Bürgermeister wahrnehmen und Sie daher bei der nächsten Wahl erneut unterstützen.

Soziale Medien

Die Präsenz in den sozialen Medien bietet sowohl Ihnen als Bürgermeister als auch der Verwaltung eine Möglichkeit, mit der Bevölkerung direkt in Kontakt zu treten, aktuelle Informationen zu teilen und Ihre politischen Ziele bzw. Verwaltungsanliegen zu kommunizieren.

Die offiziellen Social-Media-Kanäle der Verwaltung dienen dazu, die Bürger über kommunale Themen, Veranstaltungen und Entwicklungen zu informieren. Plattformen wie Facebook, Instagram oder LinkedIn eignen sich besonders gut, um Serviceangebote, städtische Projekte oder offizielle Bekanntmachungen zu teilen. Die Verantwortung für die Pflege dieser Kanäle liegt in der Regel bei der Pressestelle oder einem zuständigen Team innerhalb der Verwaltung. Klären Sie frühzeitig, wie die Social-Media-Strategie Ihrer Kommune aufgebaut ist, wer die Kanäle betreut und welche Inhalte regelmäßig veröffentlicht werden sollen.

Neben den offiziellen Kanälen der Verwaltung kann es sinnvoll sein, eine eigene Social-Media-Präsenz als Bürgermeister zu führen. Dabei geht es weniger um verwaltungsbezogene Informationen, sondern um Ihre persönliche Kommunikation als Verwaltungsleitung. Auch hier bieten die genannten Plattformen eine gute Möglichkeit, Ihre fachlichen Ansichten, politischen Themen und Vernetzungen mit anderen Entscheidungsträgern zu präsentieren.

Es ist wichtig zu betonen, dass die Pflege einer Social-Media-Präsenz – egal ob für die Verwaltung oder den Bürgermeister – eine kontinuierliche Aufgabe ist. Regelmäßige Updates und Interaktionen mit der Bevölkerung sind unerlässlich, um eine aktive und engagierte Gemeinschaft aufzubauen und zu erhalten. Klären Sie frühzeitig, wer für die regelmäßige Aktualisierung der Inhalte, die Beantwortung von Anfragen und die Moderation der Kommentare zuständig ist. Falls Sie als Bürgermeister eine eigene Präsenz betreiben, sollten Sie überlegen, ob Sie dies selbst übernehmen oder Unterstützung durch Ihr Team in Anspruch nehmen.

Bei der Nutzung von Social Media müssen zudem rechtliche Aspekte beachtet werden wie Datenschutzbestimmungen, Urheberrechte und Impressumspflichten. Die kommunalen Kanäle unterliegen dabei besonderen rechtlichen Anforderungen, aber auch Ihre persönliche Präsenz muss bestimmten Vorgaben entsprechen. Lassen Sie sich hierzu von Ihrer Pressestelle und dem Rechtsamt beraten.

Die Vorbereitung ist der Schlüssel zum Erfolg. Bevor Sie oder Ihre Verwaltung eine Social-Media-Präsenz ausbauen oder neu aufbauen, sollten Sie klare Ziele und Strategien definieren, die Zielgruppen analysieren und Inhaltspläne erstellen. Informieren Sie sich über die Funktionen und Besonderheiten der verschiedenen Plattformen und nutzen Sie diese gezielt für Ihre Kommunikationsziele.

Ob als offizielle Verwaltung oder als Bürgermeister – Social Media bietet eine wertvolle Möglichkeit, mit der Bevölkerung in Kontakt zu treten, Informationen zu teilen und politische Ziele zu kommunizieren. Eine professionelle und kontinuierliche Pflege der Social-Media-Präsenz trägt dazu bei, das Vertrauen der Bürger zu stärken und Ihre Botschaften effektiv zu verbreiten.

Pressearbeit und Medienpräsenz

Als Bürgermeister können Sie die Pressearbeit und Medienpräsenz Ihrer Verwaltung aktiv gestalten, indem Sie klare Strukturen und Prozesse etablieren. Es empfiehlt sich, einen festen Ansprechpartner für die Presse zu benennen, der für die Koordination und Kommunikation mit den Medien zuständig ist. Dieser sollte über fundierte Kenntnisse in der Pressearbeit verfügen, um die Interessen Ihrer Kommune kompetent zu vertreten.

Regelmäßige Pressemitteilungen sind wichtig, um die Öffentlichkeit über bedeutende Ereignisse, Projekte und Entscheidungen zu informieren. Diese Mitteilungen sollten klar strukturiert, informativ und prägnant erfolgen und relevante Hintergrundinformationen enthalten. Es ist ratsam, einen Zeitplan für die Veröffentlichung von Pressemitteilungen zu erstellen und Mitteilungen zu wichtigen Terminen und Ereignissen im Voraus zu planen.

Neben Pressemitteilungen können Interviews, Hintergrundgespräche und Pressetermine genutzt werden, um direkt mit den Medien zu kommunizieren und wichtige Themen ausführlicher zu behandeln. Eine sorgfältige Vorbereitung und klare Botschaften sind dafür entscheidend.

Eine proaktive Herangehensweise an die Pressearbeit ist von besonderer Bedeutung. Indem Sie aktiv relevante Themen und Ereignisse identifizieren und proaktiv darüber informieren, können Sie die öffentliche Wahrnehmung Ihrer Kommune positiv beeinflussen und Ihre eigenen Botschaften platzieren. So vermeiden Sie Missverständnisse und Fehlinformationen und bauen Vertrauen und Glaubwürdigkeit auf. Schließlich ist es ungleich schwieriger, nachträglich auf Presseberichte zu reagieren und die Themen in ein für Sie positiveres Licht zu rücken.

Darüber hinaus sollten Sie auf die Qualität der Kommunikation achten. Stellen Sie sicher, dass alle Informationen korrekt, verständlich und ansprechend aufbereitet sind und dass Sie eine klare und einheitliche Botschaft vermitteln. Eine professionelle Gestaltung von Pressematerialien wie Pressemitteilungen, Broschüren oder Präsentationen trägt dazu bei, einen positiven Eindruck bei den Medien und der Öffentlichkeit zu hinterlassen.

Ein effizienter Workflow für Presseartikel sollte bereits zu Beginn Ihrer Amtszeit festgelegt werden, um sicherzustellen, dass Ihre Verwaltung professionell und strukturiert mit den Medien kommuniziert. Eine klare Planung und ein regelmäßiger Austausch zwischen den beteiligten Akteuren erleichtern die Identifikation relevanter Themen und sorgen für eine konsistente und effektive Öffentlichkeitsarbeit.

Themenplanung und Identifikation

Um sicherzustellen, dass alle relevanten Themen zeitnah und gezielt kommuniziert werden, empfiehlt sich die Einführung monatlicher Redaktionssitzungen. In diesen Sitzungen können Sie gemeinsam mit Ihrem Pressesprecher, den Fachbereichen und gegebenenfalls weiteren Beteiligten Themen identifizieren, die für die Öffentlichkeit von Interesse sind. Idealerweise bereiten die verschiedenen Abteilungen Ihrer Verwaltung eigenständig und proaktiv Presseartikel vor, anstatt auf eine spezifische Anfrage eines Artikels oder Bedarf zu warten. Dies könnten Artikel zu wichtigen Projekten, Veranstaltungen, Entscheidungen oder aktuellen Entwicklungen in der Kommune sein. Eine klare Zuständigkeitsverteilung stellt sicher, dass Verantwortlichkeiten definiert sind und Prozesse reibungslos ablaufen.

Redaktionssitzungen ermöglichen eine bessere Koordination und frühzeitige Planung von Pressemitteilungen. Sie verhindern, dass wichtige Themen zu kurzfristig oder unstrukturiert behandelt werden, und sorgen dafür, dass Pressearbeit strategisch erfolgt. Zudem können durch den regelmäßigen Austausch Synergien zwischen verschiedenen Fachbereichen genutzt werden, um eine kohärente und einheitliche Kommunikationsstrategie zu verfolgen.

Erstellung und Freigabe

Sobald die Themen festgelegt sind, werden die Pressemitteilungen erstellt. Dies kann mitunter eigenständig durch den Pressesprecher erfolgen, dürfte aber oft von diesem mit dem inhaltlich zuständigen Bereich koordiniert werden.

Vor der Veröffentlichung sollte eine gründliche Überprüfung und Freigabe durchlaufen werden, um sicherzustellen, dass alle Informationen korrekt und sachlich formuliert sind. Dabei ist es sinnvoll, dass eine letzte Kontrolle durch Sie als Bürgermeister oder eine dafür zuständige Person erfolgt, insbesondere bei sensiblen oder politischen Themen. Achten Sie darauf, dass der Text klar strukturiert, informativ und ansprechend geschrieben ist.

Veröffentlichung und Medienkontakt

Nach der Freigabe wird die Pressemitteilung an die Medien verteilt – beispielsweise per E-Mail, über die Website der Verwaltung oder durch einen Pressemitteilungsdienst. Die Verteilung sollte gut organisiert sein, um eine breite und zielgerichtete Berichterstattung zu ermöglichen.

Nach der Veröffentlichung ist es wichtig, das Feedback der Medien zu verfolgen und auf Anfragen oder Rückmeldungen zu reagieren. Das ermöglicht es Ihnen, die Qualität Ihrer Pressearbeit kontinuierlich zu verbessern und sicherzustellen, dass Ihre Botschaften klar und verständlich sind.

6.4   Strategie entwickeln und umsetzen

In den ersten Wochen Ihrer Amtszeit haben Sie sich vor allem mit dem Hier und Jetzt beschäftigt: Sie haben vielfältige operative Aufgaben übernommen, erste Kontakte geknüpft und Eindrücke gesammelt. Nun ist der Zeitpunkt gekommen, den Blick über den täglichen Verwaltungsmarathon hinaus zu weiten.

Eine Kommune ist ein komplexes Gefüge aus verschiedenen Interessen, Handlungsfeldern und politischen Positionen. Je früher Sie als Bürgermeister die Idee einer strategischen Ausrichtung ins Spiel bringen, desto eher können Sie gemeinsam mit den politischen Gremien, der Verwaltung und weiteren Beteiligten langfristige Leitlinien entwickeln, von denen alle profitieren.

Rollenverständnis

In der kommunalen Welt ist klar geregelt, dass die politischen Vertreter die grundsätzlichen Ziele und Prioritäten festlegen. Sie entscheiden über die großen Linien der Entwicklung, die dann von der Verwaltung umgesetzt werden. Doch diese Rollenverteilung bedeutet nicht, dass Sie als Bürgermeister lediglich auf Vorgaben warten sollten. Im Gegenteil: Sie haben die Chance, den strategischen Prozess früh anzustoßen, indem Sie aufzeigen, welche Vorteile eine übergeordnete Zielrichtung für die gesamte Kommune mit sich bringt.

Erinnern Sie sich an unsere Metapher vom »Steuermann der Verwaltung« und stellen Sie sich Ihre Kommune wie ein Schiff vor, dessen Eigner die politischen Entscheidungsträger sind. Diese Eigner bestimmen, wohin die Reise gehen soll. Sie hingegen sind der Steuermann, der neben der reinen Ausführung auch mögliche Routen kennt, Chancen erkennt und auf Gefahren hinweist. Ihr Beitrag besteht daher nicht nur darin, die politischen Beschlüsse umzusetzen, sondern auch darin, die Debatte über langfristige Zielrichtungen anzuregen, zu begleiten und Ihren Entscheidungsträgern beratend zur Seite zu stehen. Damit verschaffen Sie den Eignern eine fundierte Grundlage, um einen klaren Kurs festzulegen.

Vorteile der strategischen Ausrichtung

Fehlt die strategische Ausrichtung, läuft es in vielen Kommunen läuft es ungefähr so ab: Die politischen Fraktionen bringen wiederkehrend Einzelanträge ein, oft getrieben von kurzfristigen Bedürfnissen, öffentlichen Debatten oder spontanen Ideen. Die Verwaltung versucht, diese Anträge zu prüfen, ist aber häufig unsicher, welche Projekte tatsächlich langfristig gewollt sind und wo politische Mehrheiten nur situativ vorhanden sind. Das Ergebnis ist oft ein Flickenteppich von Maßnahmen, deren Sinnhaftigkeit fraglich ist. Die Ressourcen der Verwaltung – ob Zeit, Personal oder finanzielle Mittel – werden dann auf zahlreiche, teils konkurrierende Vorhaben verteilt, ohne dass ein übergreifendes Leitbild erkennbar wäre. Die Folge: langwierige Debatten, Enttäuschungen über verwässerte Kompromisse und ein Gefühl der Stagnation, weil niemand genau weiß, wohin die Reise gehen soll.

Mit einer strategischen Steuerung kann sich dieses Bild deutlich ändern. Sobald die Politik sich auf gemeinsame Handlungsfelder oder zumindest grobe Entwicklungsziele verständigt hat, entsteht ein völlig anderer Rahmen. Stellen Sie sich vor, es ist nun klar, dass die Kommune mittelfristig in die Stärkung des Stadtkerns investieren, klimafreundliche Mobilität fördern, ihre Bildungslandschaft ausbauen und junge Familien anziehen möchte. Wenn diese Ziele in Grundzügen feststehen, kann die Verwaltung viel gezielter arbeiten. Anträge und Projekte werden nicht mehr situativ geplant, sondern an der übergeordneten Ausrichtung orientiert. Einzelmaßnahmen lassen sich besser priorisieren, weil sie auf ihre strategische Relevanz geprüft werden können. Damit gewinnen alle Seiten: Die Politik erlebt konstruktivere Debatten, da sie nicht mehr bei null anfängt, sondern auf bereits vereinbarten Kernzielen aufbaut. Die Verwaltung kann ressourcenschonender und effizienter arbeiten, weil sie weiß, welche Projekte voraussichtlich Rückhalt finden werden. Auf diese Weise werden Entscheidungsprozesse klarer, Planungen verbindlicher und das gesamte Geschehen wirkt weniger hektisch.

Es lohnt sich, den Mehrwert einer Strategie früh aufzuzeigen und so ein Bewusstsein dafür zu schaffen, welche Vorteile es bietet, das politische Handeln an Strategien auszurichten. Das kann der Startschuss sein, dass sich die politischen Akteure mit Kompromissbereitschaft an die gemeinsame Zielfindung machen.

Initiierung des Strategieprozesses

Wie aber setzen Sie diesen Impuls praktisch um? Ein erster Schritt könnte darin bestehen, die politische Führungsspitze in Person der Fraktionsvorsitzenden zeitnah an einen Tisch zu holen, um ganz offen darüber zu sprechen, wo die Reise hingehen könnte. Gerade in den ersten Monaten haben Sie als frisch gewählter Bürgermeister noch einen Bonus: Man hört Ihnen zu, möchte Ihre Ideen kennenlernen und ist durchaus offen für neue Wege.

Auch eine Auftaktveranstaltung oder ein kurzer Workshop mit Vertretern der Politik sowie Führungskräften der Verwaltung kann bereits eine spürbare Wirkung entfalten. Hier geht es nicht darum, sofort detaillierte Pläne zu schmieden, sondern die Bedeutung langfristiger Leitlinien ins Bewusstsein zu rücken. Machen Sie transparent, welche Vorteile eine solche Ausrichtung für die Kommunalpolitik hat: Anstatt immer wieder von Neuem um grundsätzliche Richtungen zu ringen, können sich Politik und Verwaltung gemeinsam auf die Feinjustierung von Maßnahmen konzentrieren. Das erspart zermürbende Debatten und erhöht die Wirksamkeit der beschlossenen Projekte.

Eine externe Moderation kann in einem solchen Prozess wertvolle Vorteile bieten – insbesondere, wenn es darum geht, eine neutrale

Gesprächsführung sicherzustellen und alle Akteure gleichermaßen einzubinden. Gerade bei politisch sensiblen Themen oder eingefahrenen Konfliktlinien kann eine unabhängige Moderation helfen, Spannungen abzubauen und eine ergebnisorientierte Diskussion zu fördern.

Alternativ kann auch der gezielte Blick auf Best-Practice-Beispiele aus anderen Kommunen helfen, die Vorteile einer strategischen Ausrichtung greifbar zu machen. Wenn Sie etwa aufzeigen, dass eine vergleichbare Stadt durch eine strategische Herangehensweise schneller Fördermittel für nachhaltige Infrastrukturprojekte akquirieren konnte oder ihre Bürgerbeteiligungsprozesse zielgerichteter steuert, wird der Nutzen einer strategischen Ausrichtung konkret.

Starten Sie also klein, indem Sie Grundsatzfragen stellen: Welche großen Herausforderungen stehen bevor? Welche Stärken und Schwächen sind in unserer Kommune erkennbar? Wo können wir mit klaren Zielen langfristig Wirkung entfalten?

Praxisbeispiel: Strategischer Workshop
Nehmen wir an, Sie laden nach etwa zwei bis drei Monaten im Amt zu einem eintägigen Strategie-Workshop ein, der in einem neutralen Tagungshaus stattfindet. Eingeladen sind die Fraktionsspitzen, einzelne Vertreter der Verwaltung und vielleicht auch ein oder zwei externe Fachleute, die Impulse geben können.

Der Workshop beginnt damit, dass alle Beteiligten aktuelle Problemfelder benennen, die in den nächsten Jahren an Bedeutung gewinnen werden – von der demografischen Entwicklung über die Digitalisierung der Verwaltung bis hin zum Klimaschutz. Anschließend diskutieren die Teilnehmenden, was ihre Kommune in Zukunft auszeichnen soll: Soll ein attraktives, lebendiges Stadtzentrum entstehen? Ist die Übernahme einer führenden Rolle als Bildungsstandort in der Region gewünscht? Oder braucht es innovative Mobilitätskonzepte, um den Pendlerverkehr umweltfreundlich zu gestalten?

Sie moderieren dabei eher im Hintergrund, steuern die Diskussion methodisch und regen an, auch kontroverse Themen offen anzusprechen. Um den Workshop zu strukturieren, empfiehlt sich eine klare Abfolge:

1. *Themensammlung:* Die Teilnehmenden benennen die wichtigsten Herausforderungen und Chancen für die Kommune.
2. *Clustern und Priorisieren:* Ähnliche Themen werden gruppiert und hinsichtlich ihrer Dringlichkeit sowie langfristigen Bedeutung gewichtet.
3. *Zielbild entwickeln:* Die Gruppe erarbeitet gemeinsam eine Vorstellung davon, wie sich die Kommune in den nächsten Jahren positionieren soll.
4. *Handlungsfelder definieren:* Auf Basis des Zielbildes werden erste übergeordnete Handlungsfelder identifiziert, um zukünftige Maßnahmen gezielt aufeinander abzustimmen.

Das Ziel dieses Workshops ist nicht, ein fertiges Strategiepapier zu erarbeiten. Viel wichtiger ist, dass Sie den strategischen Prozess in Gang setzen und die Teilnehmenden die Vorteile einer klaren Zielausrichtung erkennen. Ohne eine übergeordnete Strategie drohen politische Debatten häufig ziellos zu verlaufen oder sich auf zufällige Einzelmaßnahmen zu konzentrieren, die isoliert betrachtet wenig Wirkung entfalten. Mit einem strategischen Rahmen hingegen lassen sich Maßnahmen gezielt aufeinander abstimmen, wodurch Synergieeffekte entstehen und die Wirksamkeit der kommunalen Entwicklung deutlich erhöht wird.

Kontinuität statt Schnellschuss

Ein solcher Auftaktworkshop schafft ein Bewusstsein dafür, dass strategische Arbeit Zeit braucht. Sie wird nicht innerhalb der ersten 99 Tage abgeschlossen sein. Doch es ist ratsam, den Stein früh ins Rollen zu bringen. In den folgenden Monaten können weitere Workshops, Expertengespräche und interne Analysen folgen, um aus Leitideen konkretere Ziele zu formen. Über die Zeit entsteht ein strategischer Rahmen, an dem sich alle Akteure orientieren können. Das Ergebnis ist nicht starr: Eine Strategie muss regelmäßig überprüft und an neue Gegebenheiten angepasst werden. Doch selbst diese Dynamik wird durch eine grundsätzliche Ausrichtung einfacher zu handhaben sein.

Mit wachsender Routine und Akzeptanz lassen sich zusätzliche Instrumente einführen, um den strategischen Prozess kontinuierlich zu verbessern. So können Sie beispielsweise ein strukturiertes Berichtswesen etablieren, klar definierte Kennzahlen entwickeln oder sogar eine strategische Steuerungsstelle einrichten, die die Umsetzung konsequent begleitet. Auch weitere Beteiligungsformate, welche Bürger sowie lokale Akteure stärker einbinden, kommen in Betracht, um die strategische Ausrichtung besser zu verankern.

Ob und wann Sie diese Möglichkeiten umfassender ausloten, hängt letztlich von der Entwicklung in Ihrer Kommune und Ihren eigenen Erfahrungen ab. Vorerst jedoch genügt es, gezielt einen Rahmen abzustecken, in dem Sie künftig die weitere Entwicklung angehen können.

Eine strategische Ausrichtung ist keine akademische Übung, sondern ein handfestes Werkzeug, um politisches Handeln effektiver und Verwaltungsarbeit effizienter zu gestalten. Indem Sie als Bürgermeister frühzeitig für eine gemeinsame Leitlinie werben, erleichtern Sie es Politik und Verwaltung, ihre Kräfte zu bündeln. Sie mindern das Risiko zielloser Diskussionen, reduzieren Reibungsverluste und steigern die Wahrscheinlichkeit, dass Projekte auf fruchtbaren Boden fallen.

Zwar werden Kompromisse nötig sein, um einen gemeinsamen Nenner zu finden, doch genau darin liegt die Stärke unserer demokratischen Kultur: Unterschiedliche Positionen nähern sich an, finden gemeinsame Schnittmengen und schaffen so eine tragfähige Grundlage für die Entwicklung Ihrer Kommune.

Auch wenn die eigentliche Strategie erst in den kommenden Jahren ihre volle Wirkung entfalten wird, ist der frühzeitige Anstoß bereits ein wichtiger Meilenstein. Sie schaffen jetzt die Voraussetzungen für mehr

Klarheit, Verbindlichkeit und langfristige Handlungsfähigkeit. Mit einer grundsätzlichen Strategie im Hintergrund werden künftige Entscheidungen – von Personalentwicklungsmaßnahmen über Investitionsvorhaben bis hin zu Beteiligungsformaten – zielgerichteter getroffen. Und genau das macht es Ihnen als Bürgermeister leichter, Ihr Amt mit Weitblick und nachhaltiger Wirkung auszufüllen.

Zusammenfassung

In den ersten Folgemonaten nach Start Ihrer Amtszeit beginnt die eigentliche Gestaltungsphase. Auf das zuvor gelegte Fundament und den gesteckten Rahmen haben Sie nun erste Impulse gesetzt, die Ihre Amtsführung sichtbar und spürbar machen – für Mitarbeitende, Bürger sowie Politik.

Sie haben gelernt, wie Sie bestehende Beziehungen bewusst pflegen und vertiefen, um daraus verlässliche Bindungen zu entwickeln – sowohl im Inneren Ihrer Verwaltung als auch im Kontakt mit der Öffentlichkeit. Die gezielte Einbindung externer Unterstützung, etwa in Form von Business-Coaching, bietet Ihnen dabei neue Perspektiven auf Ihre Führungsrolle und persönliche Weiterentwicklung.

Wie Sie Präsenz zeigen, Haltung vermitteln und Ihre Sichtbarkeit über die Wahlkampfdynamik hinaus aufrechterhalten, habe ich Ihnen ebenfalls erläutert. Dabei steht nicht die Inszenierung im Mittelpunkt, sondern die Authentizität Ihrer Amtsführung.

Mit dem Einstieg in die strategische Ausrichtung Ihrer Arbeit haben Sie die Grundlage für nachhaltige Wirksamkeit geschaffen. Sie sind nun mitten in der Gestaltung Ihrer weiteren Amtszeit angekommen.

Was zunächst geplant, gedacht und diskutiert wurde, nimmt nun Form an: konkret, greifbar und mit Wirkung.

7
Bilanz der ersten 99 Tage: Erfolge festigen und ausbauen

Die ersten 99 Tage Ihrer Amtszeit als Bürgermeister sind eine entscheidende Phase, in der zentrale Weichen gestellt und erste Grundlagen für Ihre weitere Arbeit geschaffen wurden. Sie haben zahlreiche neue Erfahrungen gesammelt, Beziehungen aufgebaut und erste Projekte angestoßen. Nun ist es an der Zeit, einen Schritt zurückzutreten und Ihre bisherigen Schritte zu evaluieren.

Die systematische Evaluierung Ihrer Arbeit bietet Ihnen die Möglichkeit, Ihre Erfolge zu erkennen, aus Erfahrungen zu lernen und zukünftige Handlungen gezielt zu planen. Sie erlaubt es Ihnen, den Kurs zu überprüfen und sicherzustellen, dass Sie auf dem richtigen Weg sind, um die Ziele für Ihre Kommune zu erreichen.

Im Zentrum steht dabei zunächst die inhaltliche Evaluierung Ihrer bisherigen Amtsführung. Sie umfasst folgende Mehrwerte für Sie als Bürgermeister:

- *Sicherstellung der Zielerreichung:* Durch die Überprüfung Ihrer gesetzten Ziele können Sie feststellen, ob Sie auf dem richtigen Weg sind oder ob Anpassungen notwendig sind.
- *Kontinuierliche Verbesserung:* Die Reflexion über Ihre bisherigen Handlungen hilft Ihnen, Stärken auszubauen und Schwächen zu identifizieren.
- *Vertrauensbildung:* Transparente Evaluierung fördert das Vertrauen Ihrer Mitarbeiter, der Politik und der Bürger in Ihre Führung.

- *Effiziente Ressourcennutzung:* Durch die Analyse von Fortschritten, Engpässen und Zielabweichungen können Sie Ressourcen gezielter einsetzen und Prioritäten neu setzen.

Neben dieser fachlich-strukturellen Perspektive sollten Sie sich auch Raum für persönliche Selbstreflexion nehmen. Bei der Evaluierung unterscheiden wir zwischen deshalb zwischen zwei Perspektiven:

- *Inhaltliche Evaluierung:* Hierbei analysieren Sie fachliche Aspekte Ihrer Arbeit, wie die Umsetzung von Projekten, die Effizienz von Prozessen und die Zielerreichung.
- *Persönliche Selbstreflexion:* Dieser Bereich fokussiert sich auf Ihre eigene Entwicklung als Führungskraft, Ihre Kompetenzen, Verhaltensweisen und Ihr Wohlbefinden.

Beide Bereiche sind eng miteinander verbunden und tragen gemeinsam zu Ihrem Erfolg als Bürgermeister bei. In diesem Kapitel zeige ich Ihnen, wie Sie beide Aspekte gezielt analysieren und Ihre Erkenntnisse für eine erfolgreiche Weiterentwicklung nutzen.

7.1   Inhaltliche Evaluierung

Die inhaltliche Evaluierung hilft Ihnen, einen klaren Überblick über die fachlichen Fortschritte Ihrer ersten 99 Tage zu erhalten. Sie ermöglicht es Ihnen zu prüfen, welche Maßnahmen erfolgreich waren, wo Herausforderungen auftraten und wie Sie Ihre Strategie weiterentwickeln können. Welche Schritte können Sie dazu unternehmen?

Überprüfung der gesetzten Ziele

Beginnen Sie damit, die Ziele zu betrachten, die Sie sich zu Beginn Ihrer Amtszeit gesetzt haben. Schauen Sie sich Ihre Prioritätenliste aus den ersten Wochen an und bewerten Sie den Fortschritt:

- *Beziehungsaufbau und Netzwerkpflege:* Haben Sie die geplanten Kontakte zu Führungskräften, Mitarbeitern, politischen Vertretern und externen Partnern aufgebaut oder vertieft? Wie zufrieden sind Sie mit dem Fortschritt?
- *Inhaltliche Einarbeitung:* Haben Sie die Verwaltungsstrukturen, Prozesse und politischen Abläufe ausreichend verstanden, um fundierte Entscheidungen treffen zu können?
- *Organisatorische Verbesserungen:* Konnten Sie effizientere Arbeitsabläufe etablieren und organisatorische Herausforderungen meistern? Wo sehen Sie Entwicklungspotenzial?
- *Führung und Mitarbeitermotivation:* Haben Sie eine vertrauensvolle Arbeitsatmosphäre geschaffen und Ihre Mitarbeiter motiviert?
- *Außenwirkung und Öffentlichkeitsarbeit:* Ist es Ihnen gelungen, die Außenwirkung Ihrer Kommune zu verbessen, und nutzen Sie die Kommunikationskanäle effektiv?
- *Strategieentwicklung und -umsetzung:* Haben Sie eine klare Strategie entwickelt und erste Schritte zu deren Umsetzung unternommen?

Analyse der umgesetzten Maßnahmen

Gehen Sie detailliert auf die einzelnen Maßnahmen ein, die Sie ergriffen haben:

- *Beziehungsaufbau:* Welche konkreten Treffen und Gespräche haben Sie geführt? Welche Maßnahmen haben Ihnen beim Aufbau und der Vertiefung der Netzwerke am meisten geholfen?
- *Prozessoptimierung:* Welche Prozesse wurden verbessert?

- *Projektumsetzung:* Welche Projekte wurden initiiert oder abgeschlossen? Wie erfolgreich waren diese?
- *Kommunikationsmaßnahmen:* Welche Pressemitteilungen, Social-Media-Beiträge oder Bürgerveranstaltungen haben stattgefunden, und wie wurden diese angenommen?

Feedback einholen

Sammeln Sie gezielt Rückmeldungen von verschiedenen Akteuren:

- *Führungskräfte:* Sprechen Sie mit Ihren Fachbereichsleitungen oder anderen Führungskräften. Fragen Sie nach deren Einschätzung zu den bisherigen Entwicklungen und möglichen Verbesserungen.
- *Politische Vertreter:* Holen Sie Feedback von Fraktionsvorsitzenden oder wichtigen politischen Akteuren ein.
- *Bürger und externe Partner:* Nutzen Sie Bürgersprechstunden oder Umfragen, um die Meinung der Bevölkerung zu erfahren.

Auswertung von Kennzahlen und Daten

Analysieren Sie objektive Daten, um Ihre Einschätzung zu untermauern. Je nach Zielsetzung könnten das beispielsweise folgende sein:

- *Bearbeitungszeiten von Anträgen:* Haben sich diese verkürzt?
- *Mitarbeiterzufriedenheit:* Gibt es Ergebnisse aus Mitarbeiterbefragungen?
- *Bürgerzufriedenheit:* Wie fällt das Feedback in Bürgeranfragen aus? Gibt es Beschwerden?
- *Medienresonanz:* Wie wurde Ihre Arbeit in der Presse oder in den sozialen Medien wahrgenommen?

Bewertung und Ableitung von Handlungsfeldern

Fassen Sie die gewonnenen Erkenntnisse zusammen:

- *Erfolge:* Was lief besonders gut? Welche Maßnahmen haben den größten positiven Effekt erzielt?
- *Herausforderungen:* Wo gab es Schwierigkeiten? Welche Ziele wurden nicht erreicht, und warum?

Basierend auf Ihrer Analyse können Sie konkrete nächste Schritte planen:

- *Fortführung erfolgreicher Maßnahmen:* Überlegen Sie, wie Sie erfolgreiche Projekte ausbauen können.
- *Anpassung von Strategien:* Entwickeln Sie Lösungen für Bereiche mit Verbesserungsbedarf.
- *Neue Prioritäten setzen:* Legen Sie fest, welche Themen in den nächsten Monaten im Fokus stehen sollen.

Praxisorientierte Tipps für die inhaltliche Evaluierung

- *Dokumentation nutzen:* Greifen Sie auf Protokolle, Berichte und Notizen aus den letzten 99 Tagen zurück, um Ihre Analyse zu stützen.
- *Offene Gespräche führen:* Schaffen Sie eine Atmosphäre, in der ehrliches Feedback willkommen ist.
- *Externe Perspektiven einbeziehen:* Ziehen Sie gegebenenfalls einen externen Berater hinzu, um eine objektive Sichtweise zu erhalten.
- *Visualisierung:* Nutzen Sie Diagramme oder Tabellen, um Entwicklungen und Ergebnisse anschaulich darzustellen.

Praxisbeispiel

Angenommen, Sie hatten sich vorgenommen, die Bürgernähe zu vergrößern, indem Sie regelmäßige Bürgersprechstunden einführen. Evaluieren Sie:

- Haben die Sprechstunden stattgefunden?
- Wie wurde das Angebot kommuniziert, und wie war die Resonanz? Wie viele Bürger haben teilgenommen?
- Welche Themen wurden angesprochen und konnten Lösungen gefunden werden?
- Wie liefen die damit verbundenen internen Prozesse ab?

Anhand dieser Punkte können Sie entscheiden, ob das Format beibehalten, angepasst oder durch andere Maßnahmen ergänzt werden sollte.

7.2 Persönliche Selbstreflexion

Neben der inhaltlichen Evaluierung ist die persönliche Selbstreflexion ein entscheidender Schritt, um Ihre Amtsführung nachhaltig zu verbessern. Während die inhaltliche Evaluierung Ihnen hilft, fachliche Fortschritte zu messen und organisatorische Ziele zu überprüfen, richtet sich die persönliche Selbstreflexion auf Ihre eigene Entwicklung als Führungskraft. Sie ermöglicht es Ihnen, Ihre Stärken und Schwächen zu erkennen, Verhaltensweisen zu hinterfragen und gezielt an Ihrer persönlichen und professionellen Weiterentwicklung zu arbeiten.

Als Bürgermeister sind Sie nicht nur Verwaltungschef, sondern auch Vorbild und Repräsentant Ihrer Kommune. Ihre Persönlichkeit, Ihr Führungsstil und Ihre Kommunikationsfähigkeit haben direkten Einfluss auf die Motivation Ihrer Mitarbeiter, die Zusammenarbeit mit politischen Gremien und die Wahrnehmung durch die Bürger. Die persönliche Selbstreflexion ist somit ein wesentlicher Bestandteil Ihres Erfolgs als Bürgermeister und ergänzt die inhaltliche Evaluierung Ihrer Arbeit. Welche Schritte können Sie dazu unternehmen?

Analyse Ihrer Führungsrolle

Beginnen Sie mit der Betrachtung Ihres Führungsstils. Fragen Sie sich, welchen Ansatz Sie in den ersten 99 Tagen überwiegend angewendet haben: Sind Sie eher kooperativ, autoritär oder situativ vorgegangen? Überlegen Sie, wie Ihr Führungsstil von Ihren Mitarbeitern wahrgenommen wird und welche Auswirkungen er auf die Teamdynamik hat. Reflektieren Sie Ihre Kommunikationsweise: Vermitteln Sie Ihre Visionen und Ziele klar und verständlich? Hören Sie aktiv zu und zeigen Sie Empathie?

Angenommen, Sie haben festgestellt, dass Sie in Besprechungen oft dominieren und wenig Raum für die Beiträge Ihrer Mitarbeiter lassen. Das kann dazu führen, dass wertvolle Ideen nicht geäußert werden und sich Mitarbeiter weniger wertgeschätzt fühlen. Um dieses Verhalten zu ändern, könnten Sie folgende Schritte unternehmen:

- *Bewusstsein schaffen:* Erkennen Sie Ihr Verhalten und verstehen Sie die möglichen Auswirkungen auf Ihr Team.
- *Aktiv zuhören:* Üben Sie sich darin, Ihren Mitarbeitern aufmerksam zuzuhören, ohne sie zu unterbrechen.
- *Fragen stellen:* Ermutigen Sie Ihre Mitarbeiter, ihre Meinungen zu äußern, indem Sie gezielte Fragen stellen.
- *Feedback einholen:* Bitten Sie Ihr Team um Rückmeldung zu Ihrem Kommunikationsstil, bitten Sie um Vorschläge und nehmen Sie diese ernst.
- *Fortbildung nutzen:* Besuchen Sie Seminare oder Workshops zu Themen wie »aktives Zuhören« oder zu Moderationstechniken.

Selbst- und Fremdwahrnehmung abgleichen

Es ist hilfreich, Ihre Selbstwahrnehmung mit der Fremdwahrnehmung zu vergleichen. Bitten Sie vertrauenswürdige Personen in Ihrem Umfeld um ehrliches Feedback. Das können Ihre direkten Mitarbeiter, Kollegen oder externe Partner sein. Fragen Sie gezielt nach Ihrer Wirkung als Führungskraft, Ihren Stärken und möglichen Entwicklungsfeldern. Achten Sie darauf, Feedback konstruktiv anzunehmen und als Chance zur Weiterentwicklung zu sehen. Vielleicht glauben Sie, ein guter Zuhörer zu sein, erhalten aber von Ihren Mitarbeitern die Rückmeldung, dass Sie oft abgelenkt wirken. Dieses Feedback ermöglicht es Ihnen, Ihr Verhalten zu überdenken und bewusst an Ihrer Präsenz in Gesprächen zu arbeiten.

Reflexion von Stress- und Zeitmanagement

Evaluieren Sie auch Ihr Stressniveau und Ihr Zeitmanagement. Die ersten 99 Tage sind oft besonders intensiv. Überlegen Sie, ob Sie sich häufig gestresst oder überfordert gefühlt haben. Identifizieren Sie Situationen, die bei Ihnen Stress auslösten, und analysieren Sie, wie Sie darauf reagiert haben. Prüfen Sie Ihr Zeitmanagement: Konnten Sie Prioritäten setzen und Aufgaben effektiv delegieren? Haben Sie genug Zeit für Erholung und private Aktivitäten gefunden?

Wenn Sie feststellen, dass Sie regelmäßig Überstunden machen und wenig Freizeit haben, könnten Sie Maßnahmen ergreifen, um Ihre Work-Life-Balance zu verbessern. Das könnte bedeuten, Aufgaben zu delegieren, Ihren Kalender zu optimieren oder gezielt Pausen einzuplanen.

Umgang mit Herausforderungen und Konflikten

Reflektieren Sie, wie Sie mit schwierigen Situationen umgegangen sind. Bleiben Sie in herausfordernden Momenten ruhig und lösungsorientiert? Wie reagieren Sie auf Kritik oder Widerstand? Ihre Fähigkeit, Konflikte konstruktiv zu bewältigen, ist entscheidend für ein positives Arbeitsklima und eine erfolgreiche Zusammenarbeit.

Angenommen, es gab einen Konflikt zwischen zwei Abteilungen. Überlegen Sie, wie Sie in dieser Situation gehandelt haben. Haben Sie aktiv vermittelt und nach einer gemeinsamen Lösung gesucht? Wenn nicht, könnten Sie Strategien entwickeln, um in Zukunft effektiver zu intervenieren.

Praxisorientierte Tipps für die effektive Selbstreflexion

- *Regelmäßige Reflexionszeiten einplanen:* Nehmen Sie sich bewusst Zeit, um über Ihre Erfahrungen und Handlungen nachzudenken, zum Beispiel wöchentlich oder monatlich.
- *Tagebuch führen:* Notieren Sie Ihre Gedanken, Gefühle und insbesondere Ihre Erkenntnisse. Dies hilft, Muster zu erkennen und Entwicklungen zu verfolgen.
- *Ziele setzen:* Definieren Sie konkrete Entwicklungsziele und planen Sie, wie Sie diese erreichen möchten.
- *Professionelle Unterstützung suchen:* Ein Coach oder Mentor kann Ihnen dabei helfen, blinde Flecken zu erkennen und Ihre Fähigkeiten gezielt weiterzuentwickeln.
- *Achtsamkeit praktizieren:* Techniken wie Meditation oder Atemübungen können Ihnen helfen, im Moment präsent zu sein und Stress abzubauen.

Praxisbeispiel: Hohes Stressniveau

Angenommen, Sie haben nach den ersten 99 Tagen festgestellt, dass Sie sich häufig gestresst und überfordert fühlen. Ihre Tage sind gefüllt mit Terminen und Sie finden kaum Zeit für strategische Überlegungen oder persönliche Erholung. Dieses hohe Stressniveau beeinträchtigt Ihre Konzentration und kann langfristig zu gesundheitlichen Problemen führen. Um diese Situation zu verbessern, könnten Sie folgende Schritte unternehmen:

- *Stressauslöser identifizieren:* Analysieren Sie Ihren Arbeitsalltag, um herauszufinden, welche Situationen oder Aufgaben bei Ihnen besonders viel Stress verursachen. Vielleicht sind es zu viele Meetings, ständige Unterbrechungen oder das Gefühl, immer erreichbar sein zu müssen.
- *Prioritäten setzen:* Überprüfen Sie Ihre Aufgaben und Verpflichtungen. Konzentrieren Sie sich auf die wirklich wichtigen Themen, die

einen hohen Mehrwert für Ihre Kommune bieten. Weniger dringende Aufgaben können delegiert oder verschoben werden.

- *Effektives Zeitmanagement:* Planen Sie Ihren Tag bewusst und blocken Sie feste Zeiten für strategische Arbeiten. Nutzen Sie die in diesem Buch beschriebenen Maßnahmen wie die »Time-Blocking-Methode« (▶ Kap. 3.5), um ungestörtes Arbeiten zu ermöglichen. So schaffen Sie es, den Überblick zu behalten und Ihre Zeit effizient zu nutzen.

- *Delegieren lernen:* Vertrauen Sie Ihren Mitarbeitern und übertragen Sie Verantwortung. Indem Sie Aufgaben delegieren, entlasten Sie sich selbst und fördern gleichzeitig die Entwicklung Ihres Teams.

- *Erholungsphasen einbauen:* Integrieren Sie regelmäßige Pausen und Erholungszeiten in Ihren Alltag. Kurze Spaziergänge, Atemübungen oder einfach ein paar Minuten Ruhe können Wunder wirken.

- *Externe Impulse zulassen:* In manchen Situationen kann ein Blick von außen hilfreich sein – sei es durch einen kurzen Austausch mit einem Bürgermeister-Kollegen aus einer Nachbarkommune, durch ein vertrauensvolles Gespräch im Netzwerk oder durch ein professionelles Coaching. Wichtig ist dabei nicht der formale Rahmen, sondern der Erkenntnisgewinn: Manchmal reichen wenige gezielte Fragen von außen, um eigene Routinen zu hinterfragen, den Blick zu weiten und wieder handlungsfähig zu werden.

Durch diese Maßnahmen können Sie Ihr Stressniveau senken, Ihre Work-Life-Balance verbessern und langfristig leistungsfähig bleiben. Sie schaffen damit nicht nur eine Grundlage für Ihre eigene Gesundheit und Zufriedenheit, sondern dienen auch als positives Vorbild für Ihre Mitarbeiter.

Zusammenfassung

Mit dem Abschluss der ersten 99 Tage ist es an der Zeit, innezuhalten und eine fundierte Zwischenbilanz zu ziehen. In diesem Kapitel haben Sie gelernt, wie Sie sowohl inhaltlich als auch persönlich reflektieren, um Ihre bisherigen Schritte zu bewerten und die Weichen für die nächsten Etappen Ihrer Amtszeit zu stellen.

Die inhaltliche Evaluierung ermöglichte Ihnen einen systematischen Rückblick: Sie haben überprüft, ob gesetzte Ziele erreicht wurden, Maßnahmen analysiert, Feedback eingeholt sowie Daten und Kennzahlen ausgewertet. Dadurch konnten Sie Erfolge sichtbar machen, Verbesserungspotenziale identifizieren und konkrete Handlungsfelder ableiten. Eine transparente, strukturierte Auswertung stärkt nicht nur Ihre strategische Ausrichtung, sondern auch das Vertrauen Ihrer Mitarbeitenden, der Politik und der Öffentlichkeit.

Ergänzend dazu haben Sie sich in der persönlichen Selbstreflexion mit Ihrer Rolle als Führungskraft auseinandergesetzt: Sie haben Ihre Selbst- und Fremdwahrnehmung abgeglichen, Ihren Umgang mit Stress, Zeitdruck und Konflikten hinterfragt und daraus wertvolle Impulse für Ihre persönliche Entwicklung gewonnen.

Die Kombination beider Perspektiven ist der Schlüssel, um Ihre Amtszeit nicht nur erfolgreich zu starten, sondern auch langfristig wirksam zu gestalten. Im abschließenden Kapitel blicken wir nun gemeinsam zurück auf zentrale Erkenntnisse der ersten 99 Tage – und nach vorn auf das, was vor Ihnen liegt.

8
Schlusswort und Ausblick

Die ersten 99 Tage Ihrer Amtszeit als Bürgermeister sind eine wegweisende Phase, die den Grundstein für Ihren zukünftigen Erfolg legt. Lassen Sie mich daher einige zentrale Punkte nochmal abschließend zusammenfassen:

- *Verstehen der kommunalen Landschaft:* Ihre Kommune ist nicht isoliert – sie ist eingebunden in ein komplexes System aus politischen Akteuren, Verwaltungsstrukturen und gesetzlichen Rahmenbedingungen. Erfolg haben Sie dann, wenn Sie die Entscheidungsprozesse in Ihrer Kommune verstehen, Einflussmöglichkeiten richtig nutzen und tragfähige Beziehungen aufbauen. Machen Sie sich bewusst, dass nicht jede Entscheidung in Ihrer Hand liegt und dass politisches Geschick genauso wichtig ist wie Verwaltungskompetenz.
- *Erfolgreiche Vorbereitung und erster Arbeitstag:* Der erste Eindruck zählt – das gilt gegenüber Ihren Mitarbeitenden genauso wie gegenüber der Politik und der Öffentlichkeit. Eine strukturierte Vorbereitung, ein klares Verständnis der ersten Schritte und eine aktive Kommunikation helfen Ihnen, von Anfang an die richtigen Signale zu setzen. Lassen Sie sich nicht von operativen Kleinigkeiten vereinnahmen, sondern behalten Sie Ihre strategischen Ziele im Blick.
- *Beziehungsaufbau als Schlüssel zum Erfolg:* Ihre Arbeit als Bürgermeister basiert auf Vertrauen und Zusammenarbeit. Ein starkes Netzwerk innerhalb der Verwaltung, mit der Politik und externen Akteuren erleichtert Ihnen Ihre Arbeit erheblich. Bauen Sie von Anfang an ehrliche, belastbare Beziehungen auf – sowohl zu Ihren Führungskräften als auch zu den politischen Entscheidungsträgern.

- *Sich gezielt in die Verwaltung einarbeiten:* Ohne ein tiefes Verständnis für Verwaltungsprozesse werden Sie nur eingeschränkt handlungsfähig sein. Machen Sie sich mit Strukturen, Entscheidungswegen und Zuständigkeiten vertraut, um fundierte Entscheidungen treffen und Projekte effizient steuern zu können. Nutzen Sie dabei die Expertise Ihrer Fachbereichsleitungen und setzen Sie auf eine kluge Delegation.
- *Führung und Motivation aktiv gestalten:* Sie prägen als Bürgermeister die Kultur Ihrer Verwaltung maßgeblich. Offene Kommunikation, klare Zielsetzungen und eine wertschätzende Führung motivieren Ihr Team und steigern die Effizienz der Verwaltung. Verinnerlichen Sie, dass motivierte Mitarbeitende der Schlüssel zu einer leistungsfähigen Kommune sind.
- *Die Wahrnehmung der Kommune aktiv steuern:* Bürger und Öffentlichkeit nehmen Ihre Arbeit nicht automatisch wahr – Sie müssen aktiv kommunizieren. Nutzen Sie moderne Kommunikationsmittel und eine klare Öffentlichkeitsarbeit, um Transparenz zu schaffen und Vertrauen zu stärken. Seien Sie präsent, ansprechbar und offen für den Dialog.
- *Langfristige Strategie statt kurzfristiges Reagieren:* Ein Bürgermeister, der nur verwaltet und reagiert, wird wenig bewirken. Setzen Sie sich frühzeitig mit strategischer Planung auseinander, priorisieren Sie langfristige Ziele und sorgen Sie für eine nachhaltige Entwicklung Ihrer Kommune. Nur wenn Sie eine klare Richtung vorgeben, können Sie aktiv gestalten und echte Veränderung bewirken.

Es war mein Anliegen, Ihnen praxisorientierte Ansätze zu bieten, die Sie direkt in Ihrer täglichen Arbeit anwenden können. Die persönlichen Reflexionen und Beispiele sollen Ihnen dabei helfen, Ihre eigenen Stärken zu erkennen und gezielt einzusetzen.

Die kommunale Landschaft befindet sich im Wandel und stellt Bürgermeister vor neue, komplexe Aufgaben. Veränderungen der

Rechtsgrundlagen (Gesetze) führen zu einer sich stetig verändernden Arbeitsumgebung für die öffentliche Verwaltung. Hier einige zentrale Herausforderungen, denen Sie in Ihrer Amtszeit begegnen werden:

Führung und Personalentwicklung

- *Demografischer Wandel, Fachkräftemangel und der Wandel zum Arbeitnehmermarkt:* Die Gewinnung und Bindung qualifizierter Mitarbeiter wird zunehmend anspruchsvoller. Der klassische Arbeitgebermarkt hat sich in vielen Bereichen zu einem Arbeitnehmermarkt gewandelt, in dem sich Fachkräfte ihre Arbeitgeber gezielt aussuchen. Entwickeln Sie attraktive Arbeitsbedingungen, investieren Sie in moderne Strukturen und schaffen Sie ein flexibles, familienfreundliches Umfeld, das den aktuellen Bedürfnissen gerecht wird. Nur so werden Sie erfolgreich mit der Privatwirtschaft um talentierte Mitarbeiter konkurrieren können.
- *Weiterbildung strategisch verankern:* Lebenslanges Lernen ist längst auch in der öffentlichen Verwaltung unverzichtbar. Die Qualifizierung der Mitarbeitenden sollte nicht punktuell, sondern als durchgängiger Prozess verstanden werden – vom Onboarding bis zur fachlichen und persönlichen Weiterentwicklung. Dabei gewinnen auch digitale Lernformate zunehmend an Bedeutung: Sie ermöglichen flexibles Lernen im Arbeitsalltag und fördern Eigenverantwortung. Immer mehr Kommunen gehen hier neue Wege, etwa durch den Aufbau eigener Lernplattformen oder interner Akademien, um Qualifizierung bedarfsgerecht, praxisnah und langfristig zu sichern.

Strategische Planung und Ressourcenmanagement

- *Finanzielle Stabilität:* Angesichts begrenzter Haushaltsmittel ist es entscheidend, Investitionen klug zu priorisieren und nachhaltige Finanzstrategien zu entwickeln.
- *Modernisierung der Infrastruktur:* Die Anpassung an klimatische Veränderungen und technologische Fortschritte erfordert eine vo-

rausschauende Planung. Setzen Sie auf nachhaltige Lösungen und Innovationen.

Bürgerorientierung und Digitalisierung

- *Transparenz und Bürgerbeteiligung:* Die Einbindung der Bürger in Entscheidungsprozesse stärkt das Vertrauen und führt zu besseren Lösungen. Nutzen Sie Bürgerforen, Umfragen und digitale Plattformen für mehr Partizipation.
- *Digitale Verwaltung:* Durch die Digitalisierung von Verwaltungsprozessen können Sie die Effizienz steigern und Servicequalität erhöhen. Moderne Kommunikationsmittel erleichtern den Austausch mit Bürgern und verbessern den Zugang zu Informationen.

Diese Herausforderungen bieten zugleich die Chance, Ihre Kommune aktiv zu gestalten und zukunftsfähig aufzustellen. Mit Engagement, Kreativität und Offenheit können Sie positive Veränderungen bewirken.

Mit diesem Buch haben Sie nun einen Praxisleitfaden an der Hand, um Ihre neue Rolle als Bürgermeister von Anfang an erfolgreich zu meistern. In den zurückliegenden Kapiteln haben Sie erfahren, wie wichtig es ist, frühzeitig eine solide Basis zu schaffen – sei es durch strategische Priorisierung, gelungene Kommunikation oder den Aufbau effizienter Führungsstrukturen. All diese Schritte schaffen die Basis für eine Amtszeit, in der Sie Herausforderungen souverän angehen und nachhaltige Impulse in Ihrer Kommune setzen können.

Ich möchte Sie ermutigen, diesen Weg konsequent fortzusetzen und sich mit Gleichgesinnten auszutauschen. Als nächster Schritt bietet sich eine Vernetzung auf LinkedIn an, wo ich regelmäßig fachliche Beiträge rund um kommunale Themen, Führung und Verwaltungsdigitalisierung veröffentliche. Dort können wir unsere Erfahrungen teilen, uns gegenseitig inspirieren und gemeinsam an innovativen Lösungen für die kommunale Praxis arbeiten.

Ich danke Ihnen für Ihr Interesse und wünsche Ihnen viel Erfolg, Tatkraft und Freude bei der Gestaltung Ihrer Kommune in den kommenden Jahren.

Sie haben es in der Hand – machen Sie das Beste daraus!